Takashi Amano
Pflanzenparadiese unter Wasser

Die Natur als Vorbild

Seit über zwanzig Jahren arbeite ich als Dozent an der Universität Niigata. Obwohl ich immer wieder einmal mit dem Gedanken spielte, die Stelle zu wechseln, konnte ich mich doch nie dazu durchringen, die Region Niigata zu verlassen. Der Aganofluß, die wohlschmeckenden Meeresfische und die Thermalquellen, die ich nach den Vorlesungen oft aufzusuchen pflege, ziehen mich immer wieder hierher zurück. Seit zehn Jahren gibt es allerdings noch einen weiteren Grund für mich diese Region zu schätzen, nämlich den, nach Maki zu fahren und dort die wunderschönen Aquarien des Ehepaars Amano zu betrachten.

Das vorliegende Buch vermittelt einen Eindruck von der Schönheit dieser Aquarien, und doch offenbart sich hier nur ein kleiner Teil ihrer tatsächlichen Ausstrahlung.

Am 2. Februar 1982 nahm ich zum ersten Mal die Gelegenheit wahr, das Ehepaar Amano zu besuchen. Obwohl ich auch die Fische wunderschön fand, war ich besonders tief beeindruckt von den ungewöhnlichen Wasserpflanzen. Jedes Mal, wenn ich Amanos Aquarien besichtigte, hatten sich die Pflanzen verändert. Nicht nur daß sie gewachsen waren, sie hatten auch eine bestimmte Stabilität gewonnen und strahlten Ruhe und Frieden aus. Sogenannte "Naturaquarien" waren einst groß in Mode. Sie wollten, so weit als möglich, die natürliche Umgebung der Fische imitieren. So sehr man aber auch versuchte, ein Aquarium natürlich wirken zu lassen, war das Ergebnis oft nur eine bloße Verkleinerung der Natur, ähnlich wie Bonsai-Bäume im falsch verstandenen Sinne. Viele Aquarianer wollten lediglich ein Stück Natur im Aquarium einfangen und taten so, als ob dies die Natur selbst sei. Und je mehr sie sich bemühten, desto unnatürlicher war das Resultat.

Herr Amano scheint mit seinen Aquarien genau den entgegengesetzten Weg zu gehen. Seine Aquarien sind weit mehr als der bloße Versuch einer Kopie, und man wird diese Unterwasserlandschaften so in freier Natur nicht vorfinden. Doch gerade deswegen sind sie auf ihre Art ein echtes Abbild, wenn nicht gar Vorbild der Natur.

Als Gewässerkundler empfinde ich große Hochachtung vor diesen Aquarien, die eine eigentümliche Kraft und zugleich tiefen Frieden ausstrahlen.

Prof. Dr. Hiroya Kawanabe
Dekan des Umweltforschungszentrum
an der Universität Kyoto

Takashi Amano

Pflanzenparadiese unter Wasser

Japanische Gärten im Aquarium

Naturbuch Verlag

Japanische Aquarien:
Zen-Gärten unter Wasser

Vorwort an die europäischen Leser

Beim Blättern in japanischen Fachzeitschriften stieß ich auf bemerkenswert schöne Abbildungen von Aquarien, die sich in ihrer fremdartigen Einrichtung von allen Unterwasserlandschaften unterschieden, die ich bisher gesehen hatte. Diese Becken waren mit auch bei uns bekannten Pflanzen und Tieren besetzt, und doch wirkten sie ganz anders. Sie erinnerten mich an Wanderungen im Gebirge, im Dschungel und - in Japanischen Gärten. Zudem waren diese wunderschönen Unterwassergärten in außergewöhnlich professioneller Weise fotografiert. Es stellte sich heraus, daß all diese Aquarien nicht nur von einem einzigen Aquarianer eingerichtet, sondern ausnahmslos auch von demselben Mann fotografiert worden waren: Takashi Amano.

Amano ist offensichtlich nicht nur in der Lage, Aquarien von ungewöhnlich beeindruckender Schönheit zu gestalten, sondern seine Werke auch noch so professionell zu fotografieren, daß ich Vergleichbares noch nicht gesehen hatte.

Ich freue mich, daß es nun gelungen ist, Takashi Amanos Kleinodien auch dem Liebhaber von Natur und Kunst in unseren Breiten zugänglich zu machen. Hier hat ein Japaner wieder einmal westliches Know-How mit japanischer Sensibilität und Kunstfertigkeit verknüpft und so einen neuen kreativen Höhepunkt erreicht.

Texte und Bilder sind unverkennbar japanisch und wir erfahren in diesem Erstlingswerk des japanischen "Aquariummeisters" Takashi Amano viel über seine Methoden der Aquaringestaltung. Aber darüber hinaus führt er uns in die japanische Lebens- und Denkweise ein. Auch lernen wir wichtige Elemente und Ziele der japanischen Kunst kennen, insbesondere die Liebe zum Detail; die strenge Beachtung der Form, woraus Schönheit und Inhalt wie von selbst zu erstehen scheinen; die Betonung der Leere und den Einsatz des freien Raums als zentrales Gestaltungsmittel; die Konzentration und Reduktion auf das Wesentliche; Transzendenz spür- und sichtbar zu machen; religiös-meditative Versenkung; die Verbindung der schöpferischen Kraft der Natur mit der Kreativität des Menschen und vieles andere.

Den aufmerksamen Betrachter dieser faszinierenden Unterwassergärten befällt unwillkürlich ein Zweifel, ob es so etwas Schönes in der "freien" Natur überhaupt gebe. Das ist kein Zufall. Eines der höchsten Ziele japanischer Kunst besteht darin, mit Hilfe des menschlichen kreativen Genius die Natur mit deren eigenen Gestaltungsmitteln zu abstrahieren, zu überhöhen und - an Reinheit, Klarheit und Schönheit zu übertreffen. Der Autor vergleicht an mehreren Stellen die von ihm so bezeichnete Natur-Gartenkunst Japans mit der Blumenbeet-Gartenarchitektur europäischer Prägung, wobei er auch auf das sogenannte „Holländische Aquarium" eingeht. Ein interessanter Standpunkt, der uns zum Nachdenken und zur Diskussion fordert. Das Buch zeigt, wie japanische Aquarien, d.h. von einem Japaner geschaffene Unterwasserlandschaften, aussehen können. Ob sich hieraus eines Tages ein Begriff wie "Japanisches Aquarium" oder "Japanisches Natur-Aquarium" entwickelt, der eigenständig neben anderen Typisierungen bestehen kann, wird die Zukunft zeigen. Bemerkenswert finde ich außerdem, daß die Schönheit von Amanos Unterwasser-Layouts auch viele Nichtaquarianer begeistert und die Fotos seiner Aquarien in modernen Wohn- und Geschäftsräumen zeigen, wie dekorativ ein Aquarium als lebendiger Mittelpunkt eines eleganten Raumes wirken kann.

Takashi Amano erklärte mir, daß er mit seinen Fotos möglichst viele Menschen dazu anregen möchte, in einer verstädternden Welt mit zunehmend zerstörter Natur das Unscheinbare zu beachten, das Kleine zu beobachten, die Schönheit des Geringen schätzen zu lernen und so unseren Planeten lebenswert erhalten zu helfen.

Landshut, Februar 1994   Bernhard Wallner

Prolog

Anmutig schwimmen farbenprächtige Fische zwischen üppig wachsenden Wasserpflanzen. Dieses Schauspiel zu beobachten kann einem nie langweilig werden. Die Augen des Betrachters werden klar wie das Wasser selbst, und er scheint sich an etwas längst Vergessenes zu erinnern, an die Flüsse und Teiche, an denen er als Kind zu spielen pflegte, an das Spiel der Fische zwischen den buschigen Wasserpflanzen. Oder ist es das Empfinden für die Natur, das sich seinem Geist tief eingeprägt hat. Ein Mikrokosmos im Aquarium. Wir Menschen richten Aquarien ein, indem wir versuchen, die Natur zu imitieren. Dennoch ist es weder eine bloße Kopie der Natur noch die Natur selbst. Diese Unterwasserlandschaften entstehen durch die Vereinigung der schöpferischen Kräfte der Natur mit der Kreativität des Menschen. Die Verständigung zwischen dem Herzen der Natur und dem Herzen eines Menschen lassen diese Welt hinter Glas entstehen. Der winzige Kosmos in dem kleinen Glasbehälter mit dem Namen Aquarium atmet zugleich den Geist der Natur und den des Menschen.
Vielleicht üben Aquarien deshalb eine solche Faszination auf uns Menschen aus, vielleicht liegt genau hierin ihre beruhigende und den Geist entspannende Wirkung begründet.

Inhalt

Die Natur als Vorbild 2
Vorwort zur deutschen Ausgabe 4
Prolog 6
Inhalt 7
Pflanzenparadiese unter Wasser 8
    30 cm-Becken 10
    35 cm-Becken 11
    40 cm-Becken 12
    45 cm-Becken 13
    60 cm-Becken 16
    55 cm-Becken 40
    90 cm-Becken 48
    120 cm-Becken 56
    150 cm-Becken 76
    180 cm-Becken 78
    225 cm-Becken 100
    240 cm-Becken 104
    140 cm-Becken 120
    120 cm-Becken 122
    180 cm-Becken 132

Einrichtung und Bepflanzung 152
    Das Grundkonzept des Wasserpflanzenlayouts 154
    Grundprinzipien der Gestaltung 156
    Die Grundkomposition 158
    Die Verwendung von Holz 160
    Die Anordnung von Steinen 162
    Holz und Steine im Aquarium 164
    Einsetzen von Wasserpflanzen 166
    Das Werkzeug 168
    Die Materialien 170

Wasserpflanzen-Pflege 172
    Konzept & CO_2 174
    Filter 176
    Beleuchtung & Bodengrund 178
    Düngung & Pflege 180
    Schädlinge & Krankheiten 182

Bepflanzung und Fischbesatz der
abgebildeten Aquarien 184

Epilog 188

Würdigung der Leistungen Amanos 190

Biographie 191

Register und Impressum 192

PFLANZENPARADIE

SE UNTER WASSER

Ein Garten im Kleinen

Die Art der Anordnung des versteckt zwischen den Pflanzen stehenden oder liegenden Steins im Vordergrund nennt der Japaner „sanzon iwagumi". Durch das Perlgras wird die Tiefenwirkung zusätzlich verstärkt. Diese Unterwasserlandschaft ist nach den Grundprinzipien des Zen - Buddhismus angelegt. Das Ziel ist stets, auf begrenztem Raum die Natur möglichst perfekt nachzuahmen.

Nr. 1

Datum: Dezember 1991
Beckengr.: 31,5 x 30 x 24 cm
Inhalt: 12 l
Einrichtung/Pflege
    Beleuchtung: 30 W
    Bodengrund: Meersand
    Dünger: 0,16 ml/l
    Wasserwechsel: einmal pro Woche, 1/2 Becken
Wasserwerte
    Temperatur: 26 °C
    pH-Wert: 6,8
    Gesamthärte (GH): 2 °dH
    Karbonathärte (KH): 2 °dH
    Nitrit (NO_2): < 0,1 mg/l
    Nitrat (NO_3): < 10 mg/l
    Kohlendioxid (CO_2): 16 mg/l
    Sauerstoff (O_2): 7 mg/l

Nr. 2

Aufnahme : Dezember 1991
Beckengröße: 36 x 22 x 26 cm
Inhalt: 18 l
Einrichtung/Pflege
  Beleuchtung: 40 W
  Bodengrund: Meersand
  Dünger: 0,16 ml/l
  Wasserwechsel: einmal pro Woche, 1/2 Becken
Wasserwerte
  Temperatur: 25 °C
  pH-Wert: 6,8
  Gesamthärte (GH): 2 °dH
  Karbonathärte (KH): 2 °dH
  Nitrit (NO_2): < 0,1 mg/l
  Nitrat (NO_3): < 10 mg/l
  Kohlendioxid (CO_2): 15 mg/l
  Sauerstoff (O_2): 6 mg/l

Wasserlandschaft mit Felsen

Diese Komposition wird von dem offenen Raum im Vordergrund geprägt, in der stehende, liegende und flache Steine verschiedener Größe kombiniert wurden. Die ansonsten zarte und zerbrechliche Rotala wallichii im Hintergrund wirkt hier eher groß und massiv.

Wald der Kärpflinge

Die dicht wachsenden Wasserpflanzen im Hintergrund, Glossostigma spec. im Vordergrund und das kurz geschnittene Perlgras ergänzen sich harmonisch. Die helle Farbe der Riccia (Bildmitte) reflektiert das von oben einfallende Licht, was ihr einen besonderen Glanz verleiht.

Nr. 3

Aufnahme: Dezember 1991
Beckengröße: 40 x 25 x 28 cm
Inhalt: 23 l
Einrichtung/Pflege
    Beleuchtung: 40 W
    Bodengrund: Meersand
    Wasserwechsel: einmal pro Woche, 1/2 Becken
Wasserwerte
    Temperatur: 24 °C
    pH-Wert: 6,9
    Gesamthärte (GH): 3 °dH
    Karbonathärte (KH): 3 °dH
    Nitrit (NO_2): < 0,1 mg/l
    Nitrat (NO_3): < 10 mg/l
    Kohlendioxid (CO_2): 15 mg/l
    Sauerstoff (O_2): 7 mg/l

Nr. 4

Aufnahme: Dezember 1991
Beckengröße: 45 x 29,5 x 30 cm
Inhalt: 35 l
Einrichtung/Pflege
    Beleuchtung: 60 W
    Bodengrund: Meersand
    Dünger: 0,2 ml/l
    Wasserwechsel: einmal pro Woche, 1/2 Becken
Wasserwerte
    Temperatur: 25 °C
    pH-Wert: 7,0
    Gesamthärte (GH): 3 °dH
    Karbonathärte (KH): 3 °dH
    Nitrit (NO_2): < 0,1 mg/l
    Nitrat (NO_3): < 10 mg/l
    Kohlendioxid (CO_2): 14 mg/l
    Sauerstoff (O_2): 7 mg/l

Guppies – reizvolle Vielfalt

Hier ist ein einfacher dreieckiger Grundaufbau verwirklicht, bestehend aus hellen Wasserpflanzen. Diese ausgesprochen dynamische Komposition vergrößert den Raumeindruck des Aquariums. Die Guppies wirken hier wie Flamencotänzer auf einer grünen Bühne.

Mensch und Natur

Ein amerikanischer Psychiater will herausgefunden haben, daß die beste Behandlung gegen Depressionen darin besteht, täglich Guppies im Aquarium zu beobachten. Dies scheint heilsamer zu sein als die Einnahme von Medikamenten. Viele Menschen leiden heutzutage unter einer Reihe psychosomatisch bedingter Beschwerden, insbesondere an Magenkrankheiten, verursacht durch Streß und emotionale Belastung. Erstaunlich und beunruhigend ist, daß bereits Kinder in steigendem Maße unter streßbedingten Beschwerden leiden.

Diese Entwicklung sollte uns alarmieren und dazu anregen, die Lebensweise in unseren „hochzivilisierten" Industrienationen einmal kritisch in Frage zu stellen. Wohlstand und Fortschritt fordern ihren Preis! Im Vergleich zu vorigen Jahrhunderten haben sich die Lebensumstände in Bezug auf die Gesundheitsfürsorge und Hygiene ständig verbessert. Aber was geschah mit unserer Psyche? Früher hielt sich die Zerstörung unserer Umwelt noch in Grenzen. Die Menschen kamen noch in den Genuß ursprünglicher Natur. Die oft der Natur entfremdeten Stadtmenschen von heute müssen deshalb wieder lernen, diese zu schätzen und zu erhalten. Meiner Meinung nach sollten wir uns gerade in der heutigen Zeit, in der die letzten unberührten Naturräume mehr und mehr bedroht sind, auf die Natur zurückbesinnen und uns mit den Lebewesen in unserer unmittelbaren Umgebung vertraut machen.

Zivilisation

Nairobi, die Hauptstadt Kenias, ist eine schöne Stadt mit vielen Blumen und Grün. Kenia ist ein beliebtes Reiseland und durch unzählige Bücher und Filme als abenteuerliches und romantisches Land bekannt. Für zahlreiche Menschen bleibt es aber trotzdem ein geheimnisvolles, vielleicht sogar bedrohliches Land. Doch entspricht dies nicht der Realität. Überall finden sich Blumen und das gesamte Land ist von atemberaubender Schönheit und mit einer einzigartigen Natur gesegnet.

Außerhalb Nairobis liegt der Nairobi-Nationalpark. Hier leben unzählige Tiere wie Löwen, Giraffen und Zebras in freier Wildbahn.
Die Menschen hier lieben die Tiere und respektieren sie. Auf den Straßen begegnen einem oft Giraffen- oder Elefantenherden. Doch wartet jeder, bis alle Tiere die Straße überquert haben, egal wie groß oder langsam die Herde ist. Ich konnte in Afrika immer wieder beobachten, wie die Autofahrer in solchen Situationen geduldig, das Kinn auf die Hände am Lenkrad gestützt, in aller Seelenruhe warteten, bis die jeweilige Herde vorübergezogen und die Straße wieder frei war.
Nach meiner Rückkehr nach Japan sah ich auf den U-Bahnhöfen viele Menschen, die andere beiseite schoben, nur um 10 Sekunden früher in den Zug steigen zu können. Sie dachten nur an sich. Vor den Massai oder dem Kikyustamm mit ihren Speeren hatte ich nie Angst, aber ich verspürte oft große Angst vor den Großstadtmenschen.

Wiese

Ein Entwurf, der eine endlose grüne Wiese darstellen soll. Die Art der Kombination von Steinen und verschiedenen Wasserpflanzen schafft die nötige Tiefe und Weite.

Nr. 5

Aufnahme: Mai 1991
Beckengröße: 60 x 30 x 36 cm
Inhalt: 56 l
Einrichtung/Pflege
    Beleuchtung: 3 x 20 W
    Bodengrund: Blähton
    Dünger: 0,1 ml/l
    Wasserwechsel: einmal pro Woche, 1/2 Becken
Wasserwerte
    Temperatur: 26 °C
    pH-Wert: 6,9
    Gesamthärte (GH): 2 °dH
    Karbonathärte (KH): 2 °dH
    Nitrit (NO_2): < 0,1 mg/l
    Nitrat (NO_3) < 10 mg/l
    Kohlendioxid (CO_2): 15 mg/l
    Sauerstoff (O_2): 7 mg/l

Nr. 6

Aufnahme : Dezember 1991
   Beckengröße: 60 x 30 x 36 cm
   Inhalt: 56 l
   Einrichtung/Pflege
   Beleuchtung: 4 x 20 W
   Bodengrund: Blähton
   Dünger: 0,1 ml/l
   Wasserwechsel: einmal pro
   Woche, 1/2 Becken
Wasserwerte
   Temperatur: 27 °C
   pH-Wert: 6,8
   Gesamthärte (GH): 2 °dH
   Karbonathärte (KH): 2 °dH
   Nitrit (NO_2): < 0,1 mg/l
   Nitrat (NO_3): < 10 mg/l
   Kohlendioxid (CO_2): 18 mg/l
   Sauerstoff (O_2): 7 mg/l

Zengarten - Impressionen

Dem Prinzip der Zengärten folgend, den Kosmos und die Schöpfung auf kleinstem Raum darzustellen, wurden hier ein V-förmiges Holzstück und 17 verschieden große Steine miteinander kombiniert.

Der Tod eines Teiches

Im Frühjahr 1983, zur Zeit der Schneeschmelze, unternahm ich einen Ausflug in das Vorland des Kakudayama-Gebirges. Überall blühten bereits die ersten Frühlingsblumen. Als ich durch das Dickicht drang, um eine Gruppe blühender Kirschbäume zu fotografieren, stieß ich auf einen kleinen Teich, den Nikatsutsumi-Teich, der unangenehm nach totem Fisch roch. Am Ufer trieben bauchaufwärts einige halb verweste Karpfen, das Wasser war trüb und mit Schaum bedeckt. Was war hier geschehen? Ich kannte diesen Teich noch aus meiner Schulzeit, da er oft Ziel von Klassenausflügen war. Damals konnten wir vom Boot aus im klaren Wasser die Fische zwischen den Wasserpflanzen schwimmen sehen. Überall flogen Libellen und andere Insekten. Auch für Vögel, Frösche und Schildkröten war dieses Gewässer einst ein kleines Paradies. Wann kam es zu dieser Katastrophe? Ich erzählte einem befreundeten Wissenschaftler, der ganz in der Nähe wohnte, von meiner Beobachtung, da ich vermutete, daß er die Ursache kannte. Aber auch er zeigte sich schockiert und wußte von nichts. Also gingen wir der Ursache auf den Grund. Gemeinsam fanden wir heraus, daß das Fremdenverkehrsbüro des nahegelegenen Ortes jedes Jahr einige tausend Fische für die Angler unter den zahlreichen Touristen ausgesetzt hatte. Dies konnte ich noch akzeptieren. Doch gab es zahlreiche Wasserpflanzen, die sich ja in den Angelhaken verfangen könnten. Aus diesem Grund schnitt man sämtliche Pflanzen ab und setzte zusätzlich noch pflanzenfressende Fische aus. Als ich das hörte, wurde ich wütend, denn nun lagen die Ursachen für den Tod dieses Gewässers klar auf der Hand. Der Teich fiel der Naivität und der Rücksichtslosigkeit der Menschen zum Opfer. Ich verfaßte eine Mitteilung an die zuständigen Behörden, in der ich darlegte, daß gerade die Wasserpflanzen wie Lotus und Wasserlilien in einem Gewässer ohne Zufluß oder Quelle lebenswichtig für die Selbstreinigung sind. Die Pflanzen zu entfernen ist gleichbedeutend mit dem Tod des Teiches. Hinzu kam noch das zusätzlich eingebrachte nährstoffreiche Futter für die ausgesetzten Fische, was den endgültigen Zusam-

Fischschwarm im Gras

Auch hier wird versucht, eine Wiese darzustellen. Die dreidimensionale Wirkung wurde durch die Kombination von Wasserpflanzen verschiedener Größe, Form und Farbe erzielt.

Nr. 7

Aufnahme: Dezember 1990
Beckengröße: 60 x 30 x 36 cm
Inhalt: 56 l
Einrichtung/Pflege
    Beleuchtung: 3 x 20 W
    Bodengrund: Blähton
    Dünger: 0,1 ml/l
    Wasserwechsel: einmal pro Woche, 1/2 Becken
Wasserwerte
    Temperatur: 27 °C
    pH-Wert: 7,0
    Gesamthärte (GH): 3 °dH
    Karbonathärte (KH): 2 °dH
    Nitrit (NO_2): < 0,1 mg/l
    Nitrat (NO_3): < 10 mg/l
    Kohlendioxid (CO_2): 16 mg/l
    Sauerstoff (O_2): 8 mg/l

menbruch des empfindlichen Ökosystems See zur Folge hatte. Doch dies war noch nicht alles. Die Behörden erließen das Verbot, die gefangenen Fische mitzunehmen. Die Folge war ein Überbesatz. Krankheiten wie der Maulpilz, bedingt durch die Verletzungen mit Angelhaken, hatten es nun leicht, sich in dem dichtbevölkerten Teich auszubreiten. Auf meinen Protest hin ließen die Behörden den Teich reinigen und entfernten die pflanzenfressenden Fische, die sich mittlerweile rasant vermehrt hatten. Ich hoffte, das Gewässer würde sich nun wieder erholen. Das empfindliche ökologische System eines Sees ist zwar sehr störungsanfällig, doch gleichsam auch in der Lage, unter günstigen Umständen wieder sein Gleichgewicht zu finden.

Im folgenden Jahr las ich jedoch in einer benachbarten Stadt einen Artikel in der Zeitung mit der Überschrift.: „3000 Karpfen im Nikatsutsumi-Teich eingesetzt!".

Nr. 8

Aufnahme: Dezember 1991
Beckengröße: 60 x 30 x 36 cm
Inhalt: 56 l
Einrichtung/Pflege
  Beleuchtung: 4 x 20 W
  Bodengrund: Flußsand
  Dünger: 0,1 ml/l
  Wasserwechsel: einmal pro

Unterwasserlandschaft

Dieses Aquarium soll einen Bach darstellen, an dem ich als Kind oft gespielt habe. Bei intensiver Betrachtung dieser Szene kann man mit etwas Phantasie den Bach rauschen und Insekten summen hören.

Wasserpflanzen – Bilder

Die Schönheit der wellenförmig wachsenden Hottonia - Gruppe wird durch den Kontrast der andersfarbigen Wasserpflanzen betont. Dies ist ein Beispiel dafür, wie man bestimmte Pflanzen auswählt, um andere noch mehr zur Geltung zu bringen.

Nr. 9

Aufnahme : Juni 1991
Beckengröße: 60 x 30 x 36 cm
Inhalt: 56 l
Einrichtung/Pflege
    Beleuchtung: 3 x 20 W
    Bodengrund: Blähton
    Dünger: täglich 1 Tropfen
    Wasserwechsel: einmal pro Woche, 1/2 Becken
Wasserwerte
    Temperatur: 25 °C
    pH-Wert: 6,9
    Gesamthärte (GH): 2 °dH
    Karbonathärte (KH): 2 °dH
    Nitrit (NO_2): < 0,1 mg/l
    Nitrat (NO_3): < 10 mg/l
    Kohlendioxid (CO_2): 17 mg/l
    Sauerstoff (O_2): 7 mg/l

Nr. 10

Aufnahme: Oktober 1990
Beckengröße: 60 x 30 x 36 cm
Inhalt: 56 l
Einrichtung/Pflege
    Beleuchtung: 3 x 20 W
    Bodengrund: Flußsand
    Dünger: 0,1 ml/l
    Wasserwechsel: alle 10 Tage, 1/2 Becken
Wasserwerte
    Temperatur: 27 °C
    pH-Wert: 7,0
    Gesamthärte (GH): 3 °dH
    Karbonathärte (KH): 3 °dH
    Nitrit (NO_2): 0,1 mg/l
    Nitrat (NO_3): < 10 mg/l
    Kohlendioxid (CO_2): 15 mg/l
    Sauerstoff (O_2): 7 mg/l

Ein Gestrüpp am Wegesrand

Auch auf kleinstem Raum läßt sich vielfältiges Leben beobachten. Diese Szene stellt ein unscheinbares Gestrüpp dar, wie es an jedem Straßenrand zu finden ist und von uns in der Regel unbeachtet bleibt.

Eine Welt, die Geist und Gefühl anspricht

Ich male gerne, bin aber leider nicht sehr begabt. Daher greife ich lieber zur Kamera. Am liebsten malte ich Landschaften, insbesondere die schilfgedeckten Häuser der Berg- oder Fischerdörfer haben es mir angetan. Leider findet man solche Häuser heute nur noch selten, und wenn ich doch mal auf eines stoße, dann hat es Aluminiumtüren und einen viel zu gepflegten Garten. Auch wenn ich ein begnadeter Maler wäre, gäbe es heutzutage kaum mehr Motive für mich.

Als ich vor 15 Jahren zum ersten Mal Afrika bereiste stellte ich fest, daß nicht nur die Privathäuser, sondern auch Landhäuser und Pensionen für Touristen gut mit der Umgebung harmonierten. Auf bestimmten Mittelmeerinseln schreibt ein Gesetz vor, daß man sein Haus jedes Jahr weiß streichen muß. Ich habe gehört, daß es solche Vorschriften auch in anderen Länder geben soll. Ich meine, daß diese Gesetze und Vorschriften höchstes Lob verdienen. Ich glaube auf meinen Reisen durch verschiedene Naturlandschaften etwas bemerkt zu haben: Die Menschen, die das Glück haben, inmitten unberührter und intakter Natur zu leben, sind oft einfach, aber sie besitzen ein offenes Herz und einen reinen Geist. Wo hingegen das Land infolge extensiver Nutzung und Kultivierung zerstört war, waren auch Herz und Geist der Menschen zerstört. Aus diesem Grunde finde ich, daß die Umgebung, die uns tagtäglich umgibt, schön sein sollte. Ich würde am liebsten ein Gesetz vorschlagen, welches vorschreibt, daß man vor jedem Haus mindestens einen großwachsenden Baum pflanzen muß. Und für jede Stadt und jedes Dorf sollte eine bestimmte Baumart bestimmt werden. Es wäre ein interessanter Gedanke, sich dies einmal auszumalen. Häßliche Häuser und Schilder würden vollkommen unter den Bäumen verschwinden und die Städte der Zukunft wären ein einziges grünes Paradies.

Auch Aquarianer können hierzu einen kleinen Beitrag leisten, beispielsweise indem sie für jeden neuen Fisch eine neue Wasserpflanze einsetzen. Natürlich hängt dies von der Größe der Fische ab, für kleine Kärpflinge würde eine Stengelpflanze wie *Hygrophila* oder *Rotala* bereits ausreichen. Auch das kleine „ökologische System" Aquarium kann nur existieren, wenn Tiere und Pflanzen ein Gleichgewicht bilden.

Formen und Farben

Die Natur zeigt sich uns hier in ihrer ganzen Vielfalt. Diese phantastische Unterwasserlandschaft besticht durch eine große Vielfalt an Wasserpflanzen, deren unterschiedliche Formen und Farben harmonisch miteinander kombiniert wurden.

Nr. 11

Aufnahme: März 1991
Beckengröße: 60 x 30 x 30 cm
Inhalt: 56 l
Einrichtung/Pflege
    Beleuchtung: 3 x 20 W
    Bodengrund: Blähton
    Dünger: 0,1 ml/l
    Wasserwechsel: einmal pro Woche, 1/2 Becken
Wasserwerte
    Temperatur: 26 °C
    pH-Wert: 6,9
    Gesamthärte (GH): 2 °dH
    Karbonathärte (KH): 3 °dH
    Nitrit (NO_2): < 0,1 mg/l
    Nitrat (NO_3): < 10 mg/l
    Kohlendioxid (CO_2): 18 mg/l
    Sauerstoff (O_2): 7 mg/l

Impressionen aus einem Japanischen Garten

In diesem Entwurf wurde ein 60 cm langes Aquarium nach den Gesetzen des Japanischen Garten gestaltet. Im Gegensatz zu Europäischen Gärten sind japanische Gärten durch natürliche und schlichte Schönheit charakterisiert.

Nr. 12

Aufnahme: April 1991
Beckengröße: 60 x 30 x 36 cm
Inhalt: 56 l
Einrichtung/Pflege
    Beleuchtung: 4 x 20 W
    Bodengrund: Blähton
    Dünger: einmal alle drei Tage
    Wasserwechsel: alle 10 Tage, 1/2 Becken
Wasserwerte
    Temperatur: 25 °C
    pH-Wert: 6,8
    Gesamthärte (GH): 2 °dH
    Karbonathärte (KH): 2 °dH
    Nitrit (NO_2): < 0,1 mg/l
    Nitrat (NO_3): < 10 mg/l
    Kohlendioxid (CO_2): 18 mg/l
    Sauerstoff (O_2): 7 mg/l

Eine sonnige Wiese

Im Vordergrund steht bei diesem Beispiel ein Riccia-Teppich, im Hintergrund sieht man eine Haargras-Wiese. Die Pflanzen photosynthetisieren offensichtlich intensiv. Die dadurch entstehenden kleinen Gasblasen leuchten und glitzern wunderschön im Licht.

Nr. 13

Aufnahme: Oktober 1991
Beckengröße: 60 x 30 x 36 cm
Inhalt: 56 l
Einrichtung/Pflege
    Beleuchtung: 4 x 20 W
    Bodengrund: Blähton
    Dünger: 0,1 ml/l
    Wasserwechsel: einmal pro Woche, 1/3 Becken
Wasserwerte
    Temperatur: 25 °C
    pH-Wert: 6,8
    Gesamthärte (GH): 2 °dH
    Karbonathärte (KH): 2 °dH
    Nitrit (NO_2): < 0,1 mg/l
    Nitrat (NO_3): < 10 mg/l
    Kohlendioxid (CO_2): 16 mg/l
    Sauerstoff (O_2): 8 mg/l

rinnerung an den
orea-Kärpfling
Macropodus chinensis)

er Korea-Kärpfling ist seit den
chziger Jahren in Japan kaum noch
u sehen. Man kann sagen, daß er
zwischen als ausgestorben gilt. Wie
onnte dies geschehen, und wieso
urden nicht rechtzeitig vorbeugen-
e Maßnahmen ergriffen?

Der Korea-Kärpfling stammt von der koreanischen Halbinsel, von wo aus er im Jahr 1914 nach Japan eingeführt wurde. Bei einem Hochwasser wurden zahlreiche Tiere aus den Zuchtteichen geschwemmt, gelangten in die Gewässer der Umgebung und verbreiteten sich in der Folge in ganz Zentraljapan, insbesondere in der Gegend von Kanto. Auch in der Umgebung meiner Heimatstadt Niigita waren sie ab Ende der 20er Jah-

re zu finden. Zu meiner Kinderzeit lebten in den Seen so viele Korea-Kärpflinge, daß man kaum noch andere Fischarten finden konnte. Gewässer, wie sie das unten abgebildete Aquarium darstellt, mit geringer Strömung und üppigem Pflanzenbewuchs, sind ihr idealer Lebensraum. Der Korea-Kärpfling ist ein Verwandter des thailändischen Kampffisches und sieht ihm auch ähnlich. Die meisten Kampffischarten leben in Süd-

ostasien. Im Sommer, während der Laichzeit, färbt sich der Körper des Korea-Kärpflings intensiv rot-lila. Die Tiere werden dann aggressiv und können sogar andere Beckeninsassen töten.
Als Kind habe ich viele dieser Kärpflinge gepflegt und ihr interessantes Verhalten beobachtet. Sie gehören zu den Fischen, die an der Wasseroberfläche Schaumnester bauen, um dort abzulaichen.

Nr. 14

Aufnahme: November 1991
Beckengröße: 60 x 30 x 36 cm
Inhalt: 56 l
Einrichtung/Pflege
   Beleuchtung: 4 x 20 W
   Bodengrund: Meersand
   Dünger: 0,2 ml/l
   Wasserwechsel: einmal pro
   Woche, 1/3 Becken
Wasserwerte
   Temperatur: 26 °C
   pH-Wert: 6,9
   Gesamthärte (GH): 1 °dH
   Karbonathärte (KH): 2 °dH
   Nitrit (NO_2): < 0,1 mg/l
   Nitrat (NO_3): < 10 mg/l
   Kohlendioxid (CO_2): 17 mg/l
   Sauerstoff (O_2): 8 mg/l

Sonnenschein über dem Grün

Die grüne Wiese funkelt und blitzt im Sonnenlicht, das die Landschaft zu beleben scheint. Der Faszination dieses geheimnisvollen Lichts kann sich der Betrachter kaum entziehen.

Lebendiges Rot

Diese Aquarieneinrichtung, deren Schwerpunkt die Kombination verschiedener Farben darstellt, wird von zwei Arten rotblättriger Pflanzen dominiert. Da die rote Farbe außerordentlich kräftig ist, sollte man darauf achten, daß sie nicht zu massiv in den Vordergrund rückt und so die Harmonie der Gesamtkomposition stört.

Nr. 15

Aufnahme: Januar 1990
Beckengröße: 60 x 30 x 45 cm
Inhalt: 80 l
Einrichtung/Pflege:
    Beleuchtung: 4 x 20 W
    Bodengrund: Flußsand
    Dünger: nicht notwendig
    Wasserwechsel: alle zwei
    Wochen, 1/2 Becken
Wasserwerte
    Temperatur: 28 °C
    pH-Wert: 6,5
    Gesamthärte (GH): 2 °dH
    Karbonathärte (KH): 2 °dH
    Nitrit (NO_2): 0,1 mg/l
    Nitrat (NO_3): < 0,1 mg/l
    Kohlendioxid (CO_2): < 10 mg/l
    Sauerstoff (O_2): 6 mg/l

Gebüsch am Ufer

Diese Szene zeigt den Übergang vom Ufer zum Bachbett, der in Dreiecksform angelegt wurde. Die abschüssige linke Seite stellt das Ufer dar und der flache Teil rechts das Bachbett.

Nr. 16

Aufnahme: Dezember 1990
Beckengröße: 60 x 30 x 45 cm
Inhalt: 80 l
Einrichtung/Pflege
    Beleuchtung: 3 x 20 W
    Bodengrund: Flußsand
    Dünger: unnötig
    Wasserwechsel: alle zwei Wochen, 1/2 Becken
Wasserwerte
    Temperatur: 24 °C
    pH-Wert: 6,5
    Gesamthärte (GH): 3 °dH
    Karbonathärte (KH): 3 °dH
    Nitrit (NO_2): 0,1 mg/l
    Nitrat (NO_3): < 10 mg/l
    Kohlendioxid (CO_2): 15 mg/l
    Sauerstoff (O_2): 7 mg/l

Cryptocorynen - Dickicht

Die Bepflanzung bildet hier regelrecht einen Dschungel unter Wasser, wie er typisch für das Verbreitungsgebiet verschiedener Rasbora - Arten ist. Es wurden ausschließlich Pflanzen aus Südostasien verwendet. Dieses Becken bietet Rasbora optimale Lebensbedingungen.

Nr. 17

Aufnahme: November 1990
Beckengröße: 60 x 30 x 45 cm
Inhalt: 80 l
Einrichtung/Pflege
    Beleuchtung: 4 x 20 W
    Bodengrund: Flußsand
    Dünger: 0,1 ml/l
    Wasserwechsel: einmal pro Woche, 1/3 Becken
Wasserwerte
    Temperatur: 25 °C
    pH-Wert: 6,8
    Gesamthärte (GH): 1 °dH
    Karbonathärte (KH): 1 °dH
    Nitrit (NO_2): 0,1 mg/l
    Nitrat (NO_3): < 10 mg/l
    Kohlendioxid (CO_2): 16 mg/l
    Sauerstoff (O_2): 7 mg/l

Aquarien-Einrichtung

① Erst Dünger einbringen, dann Bodengrund (Höhe: 7 cm vorne und 14 cm hinten) einfüllen, glätten.

② Die Grundform durch Holz und Steine festlegen. Ein Konzept für den Pflanzenbesatz sollte feststehen.

③ Dieses Becken wird durch verschiedene Cryptocorynenarten geprägt, die den Mittelpunkt bilden.

④ Als flächiger Bewuchs eignen sich Pflanzen wie Sagittaria pygmaea und Eleochalis acicularis.

⑤ Nun werden 7/10 des Wassers eingefüllt und die Stengelpflanzen mit Hilfe einer Pinzette eingesetzt.

⑥ Wenn alle Pflanzen an ihrem Platz stehen, wird der Sand mit einem Spachtel geebnet.

Frisches Grün

Dieses Aquarium soll anhand von frischen grünen Blättern und Gräsern einen Eindruck vom Frühling vermitteln. Der vordere Teil stellt eine Wiese dar, und der hintere Teil ist mit verschiedenen zarten Grüntönen komponiert.

Nr. 18

Aufnahme: Dezember 1990
Beckengröße: 60 x 30 x 45 cm
Inhalt: 80 l
Einrichtung/Pflege
    Beleuchtung: 4 x 20 W
    Bodengrund: Flußsand
    Dünger: 0,1 ml/l
    Wasserwechsel: einmal pro Woche, 1/3 Becken
Wasserwerte
    Temperatur: 26 °C
    pH-Wert: 6,9
    Gesamthärte (GH): 1 °dH
    Karbonathärte (KH): 1 °dH
    Nitrit (NO_2): 0,1 mg/l
    Nitrat (NO_3): < 20 mg/l
    Kohlendioxid (CO_2): 15 mg/l
    Sauerstoff (O_2): 7 mg/l

Nr. 19

Aufnahme: Februar 1989
Beckengröße: 60 x 45 x 45 cm
Inhalt: 120 l
Einrichtung/Pflege
  Beleuchtung: 4 x 20 W
  Bodengrund: Flußsand
  Dünger: unnötig
  Wasserwechsel: einmal pro
  Woche, 1/2 Becken
Wasserwerte
  Temperatur: 23 °C
  pH-Wert: 7,0
  Gesamthärte (GH): 3 °dH
  Karbonathärte (KH): 2 °dH
  Nitrit (NO_2): 0,1 mg/l
  Nitrat (NO_3): < 20 mg/l
  Kohlendioxid (CO_2): 15 mg/l
  Sauerstoff (O_2): 7 mg/l

Farben am Flußufer

Ein Versuch, einen typischen Bach mit seinen charakteristischen Pflanzen darzustellen. Die Wurzel stellt den Mittelpunkt dieser Unterwasserlandschaft dar.

Die Welt des Mönchs Ryokan

Der Zenmönch Ryokan lebte in der Edoperiode (1600-1868). Er war bekannt für seine Liebe zur Natur. Ryokan wurde uns in der Schule als ein liebevoller Mensch beschrieben, der besonders Veilchen liebte und diese in Kurzgedichten beschrieb. Ich habe mir damals immer vorgestellt, wie Ryokan, der immer sehnsüchtig den Frühling erwartete, zu Beginn der Schneeschmelze durch die Berge und über die Almwiesen wanderte.
In seinen Gedichten spielen Veilchen immer wieder eine große Rolle. Dr. Nagashima von der Universität Niigata stellte jedoch eine Theorie auf, nach der es sich bei diesen „Sumiegusa" nicht um Veilchen, sondern um Leberblümchen handle. Ich bat um eine Erklärung und er hat mich überzeugt. Seiner Meinung nach gedeihen Leberblümchen am besten in schneereichen Gebieten, überleben selbst kälteste Winter und blühen im Frühling in allen Farben. Leberblümchen sind typisch für diese kalten Gegenden, deren Einwohner jedes Jahr mit großer Ungeduld auf die ersten Frühlingsboten warten. Die Provinz Niigata führt sogar eine Tulpe in ihrem Wappen und beide, Leberblümchen und Tulpe blühen zur Zeit der Schneeschmelze. Die Umgebung Niigatas verwandelt sich dann in ein Blütenmeer, ein wahres Feuerwerk der Farben. Unter blauem Himmel bietet das Meer vielfarbiger Blüten einen einzigartigen Anblick des „Schneelandes Niigata". Wenn man Windmühlen dazusetzen würde, könnte man keinen Unterschied zu Holland, dem Land der Tulpen sehen. So wie das sogenannte „Holländische Aquarium" in der Tulpenlandschaft Hollands verwurzelt ist, so sind meine Aquarienlandschaften in der Leberblümchenlandschaft Niigatas und den Gedichten Ryokans verwurzelt.
Meiner Meinung nach kommen die unterschiedlichen Betrachtungsweisen der Natur aus europäischer und asiatischer Sicht auch in der Gestaltung meiner Aquarien zum Ausdruck. Das Leben der Japaner basiert stark auf einer tiefen Verbundenheit zur Natur, die geprägt ist von der Betrachtung des Details und der Freude an der schlichten Schönheit. Diese Weltsicht findet auch ihren Ausdruck im gesamten Lebensstil, in den Teezeremonien, in der Kunst von Ikebana und der Gestaltung von Bonsais, der Töpferei und nicht zuletzt in der Gestaltung der berühmten japanischen Gärten.

Wasserpflanzen in hellen Tönen

lle Wasserpflanzen in diesem Aquarium zeichnen sich durch zarte und helle Farben aus - ein pastellfarbenes Gemälde.

Nr. 20

Aufnahme: Februar 1990
Beckengröße: 60 x 45 x 45 cm
Inhalt: 120 l
Einrichtung/Pflege
  Beleuchtung: 6 x 20 W
  Bodengrund: Flußsand
  Dünger: 0,1 ml/l
  Wasserwechsel: einmal pro Woche, 1/2 Becken
Wasserwerte
  Temperatur: 26 °C
  pH-Wert: 7,1
  Gesamthärte (GH): 4 °dH
  Karbonathärte (KH): 4 °dH
  Nitrit (NO_2): 0,1 mg/l
  Nitrat (NO_3): < 10 mg/l
  Kohlendioxid (CO_2): 14 mg/l
  Sauerstoff (O_2): 7 mg/l

Der große Regen

Jedes Jahr Mitte April wird die Region um Niigata von Hochwassern heimgesucht, und dies ist auch die Zeit des Reispflanzens. Schon als Kind mochte ich diese Jahreszeit ganz besonders. Bereits vor Sonnenaufgang stieg ich auf einen Berg in der Nähe unseres Hauses und genoß den Moment, in dem die aufgehende Sonne hinter dem Gebirge die Ebene wie einen Spiegel aus Gold färbte. Auch für die Bauern ist diese Jahreszeit des Reispflanzens die schönste Zeit des ganzen Jahres. Vielleicht können Menschen, die in einer Gegend ohne schneereiche Winter leben, dieses Gefühl nur schwer verstehen. Bereits einen Monat später verwandelt sich die Ebene in eine scheinbar endlose, hellgrüne Wiese. Ich denke gerne an meine Jugendzeit zurück. Mitte Juni, während der Regenzeit, wächst der Reis am üppigsten. Wenn es zu stark regnete brachen oft die Dämme und die Reisfelder liefen voll Wasser. Für die Bauern war dies eine Katastrophe, aber wir Kinder waren stets begeistert. Wir fingen dann Karauschen und Karpfen, die normalerweise in den Bächen und Teichen ablaichten. Während des Hochwassers wurden sie jedoch plötzlich unvorsichtig und man konnte sie von der Straße aus mit bloßen Händen fangen. Häufig hörte man, daß jemand auf dem Heimweg von der Schule eine riesige Karausche gefangen hatte.
Unser alter Mathematiklehrer erzählte bei starkem Regen immer wieder eine Geschichte, die sich 10 Jahre vor meiner Schulzeit ereignet haben soll.
Damals lief eines Tages aufgrund starker Regenfälle das Schulgelände voll Wasser; Karauschen, Karpfen, ja sogar Aale und Welse schwammen auf dem Schulhof. Nach kurzer Zeit standen alle Schüler und sogar die Lehrer draußen auf dem „Schulhofsee".

Abbildung links: „Yoroi-Lagune"
Foto: Yogoemon Ishiyama

Wasserpflanzen in Kinderschuhen

Bis Ende der fünfziger Jahre konnten die Bewohner des Binnenlandes oder der Berge keine frischen Meeresfrüchte beziehen, da es damals noch keine Tiefkühlfächer gab. Wir Kinder angelten daher Karpfen und Karauschen in einer großen Lagune, wo wir auch die Früchte der Wassernuß und Lotusfrüchte sammelten. Die Erträge der Seen und Flüße waren eine wichtige Nahrungsquelle für alle. Vielfach wurden ausgesprochen primitive Fischfangmethoden angewendet, so ein einfaches halbkreisförmigen Netz, das an einem Bambusstock befestigt war. Bisweilen bauten wir Deiche und schöpften das Wasser aus den so entstandenen Teichen, um die Fische dann mit unseren Händen zu fangen. Mit Hilfe eines Abzählreims teilten wir den Fang dann gerecht unter uns auf. Der Gewinner durfte die Größten mitnehmen.

War einmal ein Japanischer Bitterling oder eine Grundel ins Netz gegangen, die ihre Balzfarben zeigten, so tauschte ich sie sofort gegen alle anderen Fische ein. Wenn wir besonders schöne Fische fingen, war das stets eine Tragödie für mich, denn ich brachte die Fische in meinen Gummischuhen, die damals alle Kinder trugen, nach Hause. Das war ein Fußweg von ca. 2 km, und wegen der scharfen Kiesel waren meine Füße immer zerschnitten. Doch trotz aller Mühen und verletzter Füße gelang es mir anfangs nicht, einen dieser Fische lebend nach Hause zu bringen. Meine Großmutter schimpfte mich aufgrund dessen oft aus.

In der Lagune wuchsen auch Wasserpflanzen wie z.B. *Hygrophila*, die ich heute oft für meine Aquarien verwende. Irgendwann kam ich auf die Idee, die gefangenen Fische samt Wasserpflanzen in meinen Gummischuhen nach Hause zu transportieren. Seitdem überlebten die Fische.

Badende Kinder.
Foto: Yogoemon Ishiyama (1955)

Faszination des Dschungels

Eine ausgewogene Komposition auf der Basis eines Dreiecks, die man von zwei verschiedenen Seiten aus betrachten kann. Im Hintergrund sind die Wasserpflanzen dicht gesetzt wie in einem Dschungel, der Vordergrund wird von einer Wiese eingenommen. So sind Vorder- und Hintergrund harmonisch miteinander verbunden.

Nr. 21

Aufnahme: Januar 1990
Beckengröße: 55 x 55 x 55 cm
Inhalt: 160 l
Einrichtung/Pflege
    Beleuchtung: 6 x 15 W
    Bodengrund: Blähton
    Dünger: 0,1 ml/l
    Wasserwechsel: einmal pro Woche, 1/2 Tank
Wasserwerte
    Temperatur: 25 °C
    pH-Wert: 7,0
    Gesamthärte (GH): 2 °dH
    Karbonathärte (KH): 2 °dH
    Nitrit (NO_2): 0,1 mg/l
    Nitrat (NO_3): < 10 mg/l
    Kohlendioxid (CO_2): 17 mg/l
    Sauerstoff (O_2): 7 mg/l

Hochwasser

Diese Szene stellt ein Flußufer bei Hochwasser dar. Ich habe nur heimische Wasserpflanzen verwendet. Bei den Fischen handelt es sich um den selten gewordenen japanischen Baratanaga.

Nr. 22

Aufnahme: Juni 1991
Beckengröße: 55 x 55 x 55 cm
Inhalt: 160 l
    Einrichtung/Pflege
    Beleuchtung: 6 x 15 W
    Bodengrund: Blähton
    Dünger: unnötig
    Wasserwechsel: einmal pro Woche, 1/2 Becken
Wasserwerte
    Temperatur: 24 °C
    pH-Wert: 7,0
    Gesamthärte (GH): 2 °dH
    Karbonathärte (KH): 3 °dH
    Nitrit (NO_2): 0,1 mg/l
    Nitrat (NO_3): < 10 mg/l
    Kohlendioxid (CO_2): 19 mg/l
    Sauerstoff (O_2): 8 mg/l

Sommerpflanzen

Eine Sommerlandschaft mit üppig wachsenden Sommerpflanzen. Das saftige Grün der Pflanzen läßt uns die Kraft des Sommers förmlich spüren.

Nr. 23

Aufnahme: Mai 1990
Beckengröße: 55 x 55 x 55 cm
Inhalt: 160 l
Einrichtung/Pflege
    Beleuchtung: 6 x 15 W
    Bodengrund: Flußsand
    Dünger: 0,1 ml/l
    Wasserwechsel: alle 10 Tage, 1/2 Becken
Wasserwerte
    Temperatur: 25 °C
    pH-Wert: 7,0
    Gesamthärte (GH): 3 °dH
    Karbonathärte (KH): 3 °dH
    Nitrit (NO_2): 0,1 mg/l
    Nitrat (NO_3): < 10 mg/l
    Kohlendioxid (CO_2): 18 mg/l
    Sauerstoff (O_2): 9 mg/l

Aquarien-Einrichtung

① Da diese Komposition von zwei Seiten betrachtet werden kann, sollte man einen kleinen Hügel mit nach vorne sanft abfallenden Hängen formen und die Steine diagonal anordnen.

② Nun wird auf der Wurzel Bolbitis mit Hilfe eines kunststoffbeschichteten Drahtes befestigt. Sobald die Bolbitis fest verwurzelt ist, kann man den Draht wieder entfernen.

③ Die bepflanzte Wurzel wird auf die Steingruppe gesetzt. Dabei probiert man verschiedene Positionen aus.

④ Um die Wirkung der Bolbitis nicht zu beeinträchtigen, sollte man keine hohen Pflanzen davorsetzen.

⑤ Nach Abschluß der grundsätzlichen Gestaltung der Einrichtung kann man das Wasser einlassen. Indem das Schlauchende in das Becherglas gestellt wird, verhindert man, daß der Wasserstrahl Löcher in den Bodengrund bohrt und Dünger hochwirbelt.

⑥ Als Hintergrundpflanzen werden die hochwachsende Hygrophila angustifolia und daneben die rote Rotala macrandra eingesetzt. So wird eine vollständige Landschaft geschaffen.

⑦ Nun werden noch die Ränder bepflanzt, wobei man schon jetzt die spätere Entwicklung der Pflanzen berücksichtigen und ihnen insbesondere genügend Raum für ihr Wachstum lassen sollte.

Ein Spaziergang auf dem Seegrund

Dieses Aquarium ist einer tropischen Unterwasserlandschaft mit weißem Meeressand, Steinen und Sagittarien nachempfunden. Die Fische sehen aus, als gingen sie gerade spazieren.

Nr. 24

Aufnahme: Oktober 1991
Beckengröße: 90 x 45 x 45 cm
Inhalt: 180 l
Einrichtung/Pflege
    Beleuchtung: 3 x 30 W
    Bodengrund: Meersand
    Dünger: unnötig
    Wasserwechsel: alle zwei Wochen, 1/2 Becken
Wasserwerte
    Temperatur: 24 °C
    pH-Wert: 7,1
    Gesamthärte (GH): 3 °dH
    Karbonathärte (KH): 2 °dH
    Nitrit (NO_2): 0,1 mg/l
    Nitrat (NO_3): 10 mg/l
    Kohlendioxid (CO_2): 15 mg/l
    Sauerstoff (O_2): 8 mg/l

Wasserpflanzen in einem brachliegenden Reisfeld

Wenn der Herbstwind zu blasen beginnt, ist dies auch ein Zeichen, daß die Sommerferien zu Ende gehen. Oft äußerte mein Vater Bedenken, ob ich auch meine Hausaufgaben gemacht habe, denn wir Kinder hatten nur Spielen im Sinn und auch ich möchte nicht an Hausaufgaben denken. Jeden Tag spielte ich am See, in den Bergen oder am Fluß. Gegen Ende der Sommerferien lauschte ich in den Bergen dem melancholischen Gesang der Zikaden.

Die Sommerschulferien sind wohl die Zeit im Leben, in der man noch die meiste Freizeit hat, eine Zeit, die jeder unbedingt erleben und genießen sollte. Viele Kinder der heutigen Zeit gehen, anders als noch meine Generation, nicht mehr in die Natur. Es tut mir immer wieder leid, daß sie selbst in den Ferien die strengen Regeln der japanischen Schulen befolgen müssen. So dürfen Schüler nur in Begleitung ihrer Eltern größere Fahrten unternehmen. Aus diesem Grund betteln meine Kinder immer wieder, daß ich sie irgendwohin mitnehmen solle, da ihre Freunde schon dort gewesen seien. Ich versuche ihnen dann zu erklären, daß sie doch mit ihren Freunden einen Ausflug machen sollen, aber dies verstößt gegen die Schulregeln. Also planen wir in jedem Sommer einen Ausflug mit der ganzen Familie. Letztes Jahr fuhren wir alle ans Meer, aber wegen eines Unwetters konnten wir leider nicht zum Baden gehen.

In diesem Jahr hatten wir beschlossen, einen 2000 m hohen Berg zu besteigen. Natürlich hofften wir, daß uns diesmal kein Sturm einen Strich durch die Ferienplanung macht. In der ersten Nacht übernachteten wir in einer Familienpension und gingen bereits früh zu Bett, um am folgenden Morgen gut ausgeschlafen zu sein. Aber mitten in der Nacht wurden wir durch ein starkes Gewitter geweckt und am nächsten Morgen regnete es ununterbrochen.

Heimatbach

Ein Ausschnitt aus einem Bach, wie er früher überall anzutreffen war. Es wurden nur heimische Wasserpflanzen verwendet. In der Mitte als Blickfang eine stattliche Ottelia japonica.

Nr. 25

Aufnahme: Juni 1990
Beckengröße: 90 x 45 x 45 cm
Inhalt: 180 l
Einrichtung/Pflege
    Beleuchtung: 4 x 30 W
    Bodengrund: Flußsand
    Dünger: 0,2 ml/l
    Wasserwechsel: alle zwei Wochen, 1/2 Becken
Wasserwerte
    Temperatur: 22 °C
    pH-Wert: 6,5
    Gesamthärte (GH): 3 °dH
    Karbonathärte (KH): 3 °dH
    Nitrit (NO_2): 0,1 mg/l
    Nitrat (NO_3): 10 mg/l
    Kohlendioxid (CO_2): 19 mg/l
    Sauerstoff (O_2): 8 mg/l

Schließlich wurde Sturmwarnung gegeben, und wir mußten unseren Plan aufgeben. So bekam ich von meiner Familie den Spitznamen „Regenmann". Statt zu wandern fuhren wir also mit dem Auto in die Berge. Die Gebirgsstraße führte uns vorbei an Terrassenreisfeldern, und der Regen schuf traumhafte Szenen. Ich mußte einfach stehen bleiben und fotografieren. Schließlich gelangte ich an ein brachliegendes Reisfeld. Ich war zunächst so sehr mit fotografieren beschäftigt, daß ich gar nicht auf das Wasser achtete. Schließlich fiel mein Blick doch ins Wasser und ich entdeckte Haargras, *Ottelia japonica*, *Sagittaria pygmea* und andere Wasserpflanzen, die man heute nur noch selten in freier Natur findet. Sofort zog ich mein Hemd aus und begann wie ein Verrrückter, die Pflanzen zu sammeln. Später kehrte ich noch einmal hierher zurück um zu sehen, ob sie noch größer werden. Aber es war kein Unterschied festzustellen. Alle Pflanzen waren etwa 10 cm hoch und in voller Blüte. Auch an diesem Tag regnete es ununterbrochen.

Während ich noch halbnackt die Pflanzen sammelte, kam ein älterer Mann neugierig auf mich zu und sprach mich auf mein eigenartiges Verhalten und Aussehen an. Im Gespräch mit ihm fand ich heraus, daß diese Pflanzen nur hier zu finden waren. Außerdem lebten hier auch unzählige Wasserinsekten wie z.B. Libellen. Es war wie ein kleines Paradies. Spontan beschloß ich, dieses Grundstück zu kaufen und bat den alten Mann, mit dem Besitzer zu reden. Einige Tage später erfuhr ich, daß das Grundstück tatsächlich zu kaufen war. Dazu bot der alte Mann an, das Land zu pflegen. Endlich besaß ich ein eigenes Refugium für Wasserpflanzen, wie ich es mir immer gewünscht hatte. Es fällt auf, daß es fast immer regnet, wenn ich hierher komme. Ich glaube der Spitzname „Regenmann" paßt doch ganz gut zu mir.

Roter Tigerlotus

Diese Unterwasserlandschaft wurde ausschließlich mit Pflanzen geschaffen - ohne Holz und Steine. Die Komposition ist flach angelegt, aber die roten Blätter in der Mitte setzen einen Akzent, der diese einfache Landschaft spannend und interessant macht.

Nr. 26

Aufnahme: März 1990
Beckengröße: 90 x 45 x 45 cm
Inhalt: 180 l
Einrichtung/Pflege
    Beleuchtung: 4 x 30 W
    Bodengrund: Blähton
    Dünger: 0,2 ml/l
    Wasserwechsel: alle zwei Wochen, 1/2 Becken
Wasserwerte
    Temperatur: 25 °C
    pH-Wert: 7,0
    Gesamthärte (GH): 3 °dH
    Karbonathärte (KH): 2 °dH
    Nitrit (NO_2): 0,1 mg/l
    Nitrat (NO_3): < 10 mg/l
    Kohlendioxid (CO_2): 16 mg/l
    Sauerstoff (O_2): 7 mg/l

Nr. 27

Aufnahme: Februar 1989
Beckengröße: 90 x 45 x 60 cm
Inhalt: 240 l
Einrichtung/Pflege
    Beleuchtung: 4 x 30 W
    Bodengrund: Flußsand
    Dünger: 0,1 ml/l
    Wasserwechsel: alle 10 Tage, 1/2 Becken
Wasserwerte
    Temperatur: 26 °C
    pH-Wert: 6,8
    Gesamthärte (GH): 2 °dH
    Karbonathärte (KH): 2 °dH
    Nitrit (NO_2): 0,1 mg/l
    Nitrat (NO_3): < 10 mg/l
    Kohlendioxid (CO_2): 15 mg/l
    Sauerstoff (O_2): 6 mg/l

Blattformen

Eine Bepflanzung, die exakt nach der Regeln des Goldenen Schnitts proportioniert ist. Die Bolbitis wurde in der Form eines ungleichschenkligen Dreiecks als Schwerpunkt in die Mitte gesetzt. Den Hintergrund bilden Pflanzen mit unterschiedlichen Formen und Farben, um zu vermeiden, daß die Szene zu einfach oder gar langweilig wirkt.

Fünf Flaschen Mineralwasser

Im Jahr 1977 begann ich damit, mich intensiv mit der Gestaltung und Einrichtung von Aquarien zu befassen. Zu dieser Zeit gab es kaum Zubehör. Meine ersten Aquarien sahen fürchterlich aus. Für den Bodengrund verwendete ich eine ca. 7 cm starke Schicht aus Korallensand. Fische setzte ich gar keine ein, da ich glaubte, daß diese eine Veralgung des Beckens bewirken. So befanden sich nur Pflanzen in meinen Aquarien. Zwei 20-Watt-Birnen dienten als Beleuchtung. Die Folge war, daß sich die Blätter bereits nach einer Woche gelbgrün verfärbten, in der zweiten Woche waren die meisten Blätter bereits durchsichtig. Da es kaum Literatur über die Pflege und Einrichtung von Aquarien gab, konnte ich nur durch Ausprobieren herausfinden, wie sich meine Pflanzen am wohlsten fühlten. Eine frühe Erkenntnis war, daß die Pflanzen am besten in Becken wuchsen, die bereits einige Zeit in Betrieb waren. In neu eingerichteten Aquarien waren die Erfolge eher bescheiden. Irgendwann erfuhr ich, daß Kohlensäure dem Pflanzenwachstum zuträglich ist. Ich fragte einen Experten von der Universität Niigata, wie man das Aquarienwasser mit Kohlensäure anreichern könnte. Seiner Meinung nach war eine zusätzliche Kohlendioxidanreicherung nicht notwendig, da der natürlich in der Atmosphäre enthaltene Kohlendioxidanteil ausreicht. Mit dieser Auskunft wollte ich mich jedoch nicht zufrieden geben. Doch stellten sich alle Methoden als zu teuer heraus, und auch Trockeneis erwies sich als nicht geeignet, da es viel zu schnell verdampfte. Mit der Zeit vergaß ich das Kohlendioxid. Meine Pflanzen starben zwar nicht mehr, doch kann man auch nicht sagen, daß sie sich übermäßig gut entwickelten. Eines Tages las ich zufällig das Etikett einer Mineralwasserflasche: Wasser, Kohlensäure, Natriumchlorid. Das war es. Damit waren die Weichen für ein Experiment gestellt.
Ich kaufte sofort fünf Flaschen Mineralwasser. Wieder daheim angekommen, schüttete ich alle Flaschen in ein großes Aquarium mit den Maßen 240 x 60 x 60 cm. Innerhalb weniger Minuten bildeten sich an den Blattoberflächen kleine Bläschen. Im Lauf der Zeit konnte ich beobachten, wie die Pflanzen nach jeder Zugabe von Mineralwasser ein wenig wuchsen. Da in dem Mineralwasser aber auch Kochsalz enthalten war, mußte ich mindestens einmal in der Woche einen Teil des Wassers wechseln. Damals stapelten sich überall in meinem Zimmer die Mineralwasserflaschen. Doch dies war die gesuchte Methode. Ohne diese Entdeckung hätte ich meine Aquarien wahrscheinlich schon lange aufgegeben.

Ein Pfad im Dickicht

Ein Beispiel für die Kombination vieler verschiedener Pflanzen. Die Tiefenwirkung wurde hier durch die Einteilung von freiem Raum und Busch in der Mitte im Verhältnis 3 (links) zu 1 (rechts) erreicht.

Nr. 28

Aufnahme: Dezember 1989
Beckengröße: 120 x 45 x 45 mm
Inhalt: 240 l
Einrichtung/Pflege
    Beleuchtung: 2 x 40 W
    Bodengrund: Flußsand
    Dünger: 0,1 ml/l
    Wasserwechsel: alle 10 Tage, 1/2 Becken
Wasserwerte
    Temperatur: 24 °C
    pH-Wert: 6,8
    Gesamthärte (GH): 3 °dH
    Karbonathärte (KH): 3 °dH
    Nitrit (NO_2): 0,1 mg/l
    Nitrat (NO_3): 10 mg/l
    Kohlendioxid (CO_2): 17 mg/l
    Sauerstoff (O_2): 7 mg/l

nach 6 Monaten

nach 12 Monaten

Begrünte Steine

Ein Aquarium, das ausschließlich mit Cryptocorynen gestaltet wurde. Die Flußsteine wurden mit Quellmoos kombiniert, um die kalte Wirkung der blanken Oberflächen abzuschwächen.

Nr. 29

Aufnahme: September 1990
Beckengröße: 120 x 45 x 45 cm
Inhalt: 240 l
Einrichtung/Pflege
    Beleuchtung: 2 x 40 W
    Bodengrund: Flußsand
    Dünger: unnötig
    Wasserwechsel: einmal pro Woche, 1/3 Becken
Wasserwerte
    Temperatur: 25 °C
    pH-Wert: 6,8
    Gesamthärte (GH): 2 °dH
    Karbonathärte (KH): 1 °dH
    Nitrit (NO_2): 0,1 mg/l
    Nitrat (NO_3): < 10 mg/l
    Kohlendioxid (CO_2): 16 mg/l
    Sauerstoff (O_2): 6 mg/l

Tauglänzende Wiese

Eine typische Arbeit mit Steinen aus dem Senmifluß. Sie stammt aus der Zeit, als ich meine Aquarien ausschließlich mit Echinodorus tenellus bepflanzte. Die Anordnung der Steine folgt hier wieder den Regeln der japanischen Gartengestaltung.

Nr. 30

Aufnahme: Oktober 1985
Beckengröße: 120 x 45 x 45 cm
Inhalt: 240 l
    Einrichtung/Pflege
    Beleuchtung: 4 x 20 W
    Bodengrund: Flußsand
    Dünger: unnötig
    Wasserwechsel: alle zwei
    Wochen, 1/2 Becken
Wasserwerte
    Temperatur: 26 °C
    pH-Wert: 6,9
    Gesamthärte (GH): 2 °dH
    Karbonathärte (KH): 2 °dH
    Nitrit (NO_2): 0,1 mg/l
    Nitrat (NO_3): < 10 mg/l
    Kohlendioxid (CO_2): 13 mg/l
    Sauerstoff (O_2): 6 mg/l

Ein schmaler Bach in dunklem Grün

Das Bild zeigt eine typische Unterwasserlandschaft des Nils. Außer den in Afrika heimischen Anubias und Crinum aquatica wurden noch Echinodorus tenellus und Cryptcoryne costata verwendet, die nicht vom afrikanischen Kontinent stammen. Um den gewünschten Effekt zu erzielen, konnte ich jedoch nicht auf den Einsatz dieser beiden Pflanzenarten verzichten.

Nr. 31

Aufnahme: November 1986
Beckengröße: 120 x 45 x 45 cm
Inhalt: 240 l
Einrichtung/Pflege
    Beleuchtung: 2 x 40 W
    Bodengrund: Flußsand
    Dünger: unnötig
    Wasserwechsel: alle zwei Wochen, 1/2 Becken
Wasserwerte
    Temperatur: 25 °C
    pH-Wert: 7,0
    Gesamthärte (GH): 3 °dH
    Karbonathärte (KH): 3 °dH
    Nitrit (NO_2): 0,1 mg/l
    Nitrat (NO_3): < 10 mg/l
    Kohlendioxid (CO_2): 13 mg/l
    Sauerstoff (O_2): 5 mg/l

Die Ufer des Nils

Wenn man den Nil vom Flugzeug aus betrachtet, sieht er wie ein dünnes grünes Band auf braunem Grund aus. Der braune Hintergrund ist die libysche Wüste und das grüne Band bilden die Oasen entlang des Nils. Im März 1979 wanderte ich von Kairo den Nil stromaufwärts entlang. Die Straße von Kairo durch den Sudan nach Uganda ist mehr als 5000 km lang. Sie verläuft fast über die ganze Länge parallel zum Nil. Nur 30 Autominuten von Kairo entfernt erstrecken sich bereits Pfefferminzfelder und eine Landschaft, die an das Gemälde „Die Brücke von Arles" von Vincent van Gogh erinnert.

Die Seitenarme und Buchten des Nils sind voll von tropischen Wasserlilien. Die oben abgebildete Unterwasserlandschaft ist daher eher typisch für den Hauptstrom des Nils, der durch regelmäßiges Steigen und Sinken des Wasserstands gekennzeichnet ist. Diese Pflanzen werden von der dichten Ufervegetation überwuchert und erhalten nur am Morgen für kurze Zeit Licht, ansonsten nur indirekte Strahlung. Zwischen der *Anubias* fand ich eine Pflanze, deren Namen ich leider nicht kenne. Sie ähnelt *Echinodorus tenellus,* auf die ich bei der Einrichtung dieses Aquariums als Ersatz zurückgriff. Es ist nicht besonders schwer, eine westafrikanische Unterwasserlandschaft nach zustellen, aber es gibt nur sehr wenige geeignete Wasserpflanzenarten und man muß z.T. ähnlich aussehende Pflanzen aus anderen Gegenden verwenden. Zu beachten ist allerdings, daß sich Pflanzen aus Stillwasserbereichen sehr von denen schnellfließender Gewässer unterscheiden.

Sehnsucht nach Afrika

Im Nationalpark am Fuß des Kilimanjaro leben viele Tiere wie Löwen, Leoparden, Nashörner und Affen. Dieses Gebiet zählt für mich zu den schönsten in Afrika, da man von hier aus den Sonnenaufgang hinter dem Kilimanjaro betrachten kann.
In diesem Nationalpark stehen viele kleine Häuser, die sich harmonisch in das Landschaftsbild einfügen. Nachts sitzen Geckos auf den Fensterscheiben, um die Insekten, die sich am Licht sammeln, zu erbeuten. Normalerweise liegt in der Nähe größerer Häuser ein künstlich angelegter Teich, aber bei meiner Unterkunft gab es keinen Teich, nicht einmal ein Bad oder eine Dusche. Alles, außer dem Bett, befand sich im Freien - sehr afrikanisch. Meine zweite Unterkunft war sehr teuer, hatte aber sowohl einen Teich, als auch eine Dusche. Während der Trockenzeit kamen die Tiere bis an diesen Teich, da sie nirgendwo anders mehr Wasser finden konnten. Es ist interessant, wie zu verschiedenen Tages- und Nachtzeiten die unterschiedlichsten Tierarten kommen, so, als ob sie sich abgesprochen hätten. Zur „Goldenen Stunde", also zur schönsten Zeit am Abend, erscheinen Elefanten und Löwen. Nachttiere und seltene Tiere kommen, während alle anderen schlafen.
In der oben beschriebenen Unterkunft gab es einen sogenannten „Animal Call". Man sagte einfach bescheid, welches Tier man sehen wollte und wurde dann rechtzeitig geweckt. Eines Nachts hatte ich „Animal Call" bestellt, um einen Leopard sehen zu können. Um Mitternacht wachte ich von einem lauten Geräusch auf. Es klang wie Donner. Ich überlegte angestrengt, um was für ein Tier es sich dabei handeln könnte. Es war genau zu hören, denn der Besitzer dieser Stimme war ganz in meiner Nähe. Ich hörte noch einmal aufmerksam zu und - es war das Schnarchen eines Amerikaners im Nebenzimmer. Wahrscheinlich hatten die Leoparden solche Angst vor dem Schnarchen, daß sie sich die ganze Nacht nicht blicken ließen. In dieser Nacht sah ich lediglich die gleichen Tiere, die auch tagsüber an der Wasserstelle erschienen. Doch unterscheidet sich ihr Verhalten nachts von dem tagsüber. Löwen verhalten sich je nach Situation ganz unterschiedlich - im Dschungel, in der Steppe, am Wasser oder in der Nacht. Gleiches gilt auch für Vögel, Fische und Kriechtiere.

Fluß im Tal

Die Stimmung am Fuß eines Berges wird durch die Anordnung von Sand und Steinen erzielt. Früher habe ich oft solche Wasserlandschaften angelegt.

Nr. 32

Aufnahme: April 1987
Beckengröße: 120 x 45 x 45 cm
Inhalt: 240 l
Einrichtung/Pflege
    Beleuchtung: 2 x 40 W
    Bodengrund: Meersand
    Dünger: 0,1 ml/l
    Wasserwechsel: einmal pro Woche, 1/2 Becken
Wasserwerte
    Temperatur: 26 °C
    pH-Wert: 7,0
    Gesamthärte (GH): 3 °dH
    Karbonathärte (KH): 3 °dH
    Nitrit (NO_2): 0,1 mg/l
    Nitrat (NO_3): < 10 mg/l
    Kohlendioxid (CO_2): 18 mg/l
    Sauerstoff (O_2): 8 mg/l

Impressionen vom Meeresgrund

Interessant ist die Vorstellung von einem Meeresboden, der mit Süßwasserpflanzen bewachsen und von tropischen Fischen belebt ist. Eine schöne Corydoras-Seewiese!

Nr. 33

Aufnahme: Dezember 1989
Beckengröße: 120 x 45 x 45 cm
Inhalt: 240 l
Einrichtung/Pflege
    Beleuchtung: 2 x 40 W
    Bodengrund: Meersand
    Dünger: unnötig
    Wasserwechsel: einmal pro Woche, 1/2 Becken
Wasserwerte
    Temperatur: 26 °C
    pH-Wert: 6,8
    Gesamthärte (GH): 2 °dH
    Karbonathärte (KH): 1 °dH
    Nitrit (NO_2): 0,1 mg/l
    Nitrat (NO_3): < 20 mg/l
    Kohlendioxid (CO_2): 16 mg/l
    Sauerstoff (O_2): 6 mg/l

Nr. 34

Aufnahme: September 1991
Beckengröße: 120 x 45 x 45 cm
Inhalt: 240 l
Einrichtung/Pflege
    Beleuchtung: 2 x 40 W
    Bodengrund: Meersand
    Dünger: unnötig
    Wasserwechsel: alle zwei
    Wochen, 1/2 Becken
Wasserwerte
    Temperatur: 26 °C
    pH-Wert: 7,0
    Gesamthärte (GH): 3 °dH
    Karbonathärte (KH): 2 °dH
    Nitrit (NO_2): 0,1 mg/l
    Nitrat (NO_3): < 10 mg/l
    Kohlendioxid (CO_2): 15 mg/l
    Sauerstoff (O_2): 7 mg/l

Steingarten

Weisser Sand und dunkles versteinertes Holz erwecken den Eindruck von warmem Sonnenschein im Frühling. Für den Besatz eignen sich am besten Fische mit eher dezenten Körperfarben. Diese Landschaft, in der die Fische im Wasserpflanzenwald schweben, beruhigt die Seele und entspannt den Geist.

Schwimmende Berge und klares Wasser

Eine Arbeit, die vom Stil her die Prinzipien japanischer Gartenkunst repräsentiert. Verwendet wurden wieder ausschließlich heimische Wasserpflanzen. Die Stengelpflanzen im Hintergrund sind mehrfach getrimmt, um die Triebe und Blätter entsprechend zu formen. Den Fischen stehen viele Rückzugsräume zur Verfügung.

Nr. 35

Aufnahme: Juni 1991
Beckengröße: 120 x 45 x 45 cm
Inhalt: 240 l
Einrichtung/Pflege
    Beleuchtung: 8 x 20 W
    Bodengrund: Blähton
    Dünger: 0,1 ml/l
    Wasserwechsel: einmal
    pro Woche, 1/2 Becken
Wasserwerte
    Temperatur: 24 °C
    pH-Wert: 6,9
    Gesamthärte (GH): 1 °dH
    Karbonathärte (KH): 1 °dH
    Nitrit (NO_2): 0,1 mg/l
    Nitrat (NO_3): < 10 mg/l
    Kohlendioxid (CO_2): 18 mg/l
    Sauerstoff (O_2): 8 mg/l

Gartenkunst: Europäische und japanischer Stil

Die unterschiedliche Auffassung v
der Gartengestaltung in Europa u
Japan findet ihren Ausdruck auch
der Einrichtung und Konzeption v
Aquarien. Dem europäischen Stil
folgend werden die Pflanzen wie
einem Blumenbeet angeordnet, d.
man pflanzt viele Wasserpflanzen
die sich in Farbe und Form der Blä
ter ähneln, zusammen. Der japanische Stil zeichnet sich hingegen
dadurch aus, daß weniger Pflanze
verwendet werden, viel freier Rau
gelassen wird und zusätzlich Holz
und Steine einbezogen werden. I
halte diese Einteilung jedoch für
nicht ganz zutreffend und würde

er behaupten, daß die Übergänge ßend sind und es auch durchaus schformen gibt. So wurde das en abgebildete Aquarium nach n Regeln japanischer Gartenkunst tworfen und eingerichtet, alle asserpflanzen sind japanischer rkunft, und außer *Riccia* und dem argras handelt es sich ausschließ- n um Stengelpflanzen. Die Be- anzung des Hintergrunds ent- icht jedoch durchaus dem euro- schen Stil, hingegen ist der Vor- grund mit Steinen und *Riccia* isch japanisch zu nennen. Aber Ganzen handelt es sich um ein uarium im japanischen Stil, be- setzt mit in Japan heimischen Kärpflingen. Ein solches Aquarium ist nicht nur für den Freund japanischer Süßwasserfische geeignet, sondern auch für diejenigen, die Bedenken gegen die Zucht und Haltung tropischer Zierfische hegen.

Wichtig ist das regelmäßige Trimmen der Pflanzen, ansonsten verwandelt sich der Garten schnell in einen wilden Dschungel.

Das Notizbuch meiner Mutter

Meine Mutter hatte keine besonderen Hobbys und mußte die meiste Zeit ihres Lebens hart arbeiten. Das Einzige, das sie in ihrer knapp bemessenen Freizeit mit besonderer Freude machte, war der Anbau von Gemüse im eigenen Garten. Besonders stolz war sie auf ihre selbstgezogenen Auberginen und Tomaten, und ich fand, ihr Gemüse war tatsächlich besser als das anderer Gärten. Obwohl sie keine besondere Ausbildung besaß, beobachtete sie das Gemüse in den Feldern jeden Tag und notierte alles in ihrem dikken Notizbuch. Als ich noch klein war, hörte ich oft, daß Gemüse oder Getreide von Schädlingen befallen war oder daß die Bäume keine Früchte trugen, vor allem nach längeren Schönwetterperioden oder nach Regenzeiten. Sogar zu diesen Zeiten trugen unsere Felder gute Ernte. Die Nachbarn fragten meine Mutter daher oft nach ihrem Geheimnis.

Wenn man nicht in die Tiefe gedrungen ist, kann man viele Erklärungen nicht verstehen. Vermutlich gibt es aber nur einige wenige Erklärungen, die uns Zusammenhänge in ihrer vollen Tragweite klarmachen können. Das Wichtigste sind eigentlich die Dinge, die jeder sehen kann, einfache Dinge, die jeder kennt.

Ich entdeckte auch einige Geheimnisse bei der Pflege von Wasserpflanzen, doch alle Zusammenhänge zu verstehen ist mir und wohl auch Experten unmöglich. 90 % unseres Wissens verdanken wir zwar der Wissenschaft, doch bleibt immer noch ein Teil, der eigenen Erfahrung und nicht zuletzt der Intuition entstammt, die aber wieder auf Erfahrungen zurückgeht.

Obwohl ich mich bereits seit langer Zeit mit der Einrichtung und Bepflanzung von Aquarien befasse, unterlaufen mir doch immer noch viele Fehler. Zwar sterben nicht mehr alle Pflanzen auf einmal, wie am Anfang meiner Experimente mit Aquarien, doch passiert es hin und wieder immer noch, daß ich zuviel Wasser austausche oder zuviel Kohlendioxid zugebe, was manchem Fisch bereits das Leben gekostet hat.

Wenn ich für meine Aquarien gelobt werde, kann ich in der Regel nur sagen, daß auch ich eine Reihe von Fehlern und Irrtümern begehen mußte, um dieses Resultat zu erreichen. Manche Fehler habe ich sogar mehrfach begangen, doch heute kann ich darüber lachen. Mein Glück war, daß ich jeden Schritt in meinem Notizbuch festgehalten habe und so auch verschiedene Lösungsmöglichkeiten herausgefunden habe. Ich bin überrascht, denn meine Mutter tat im Grunde nichts anderes.

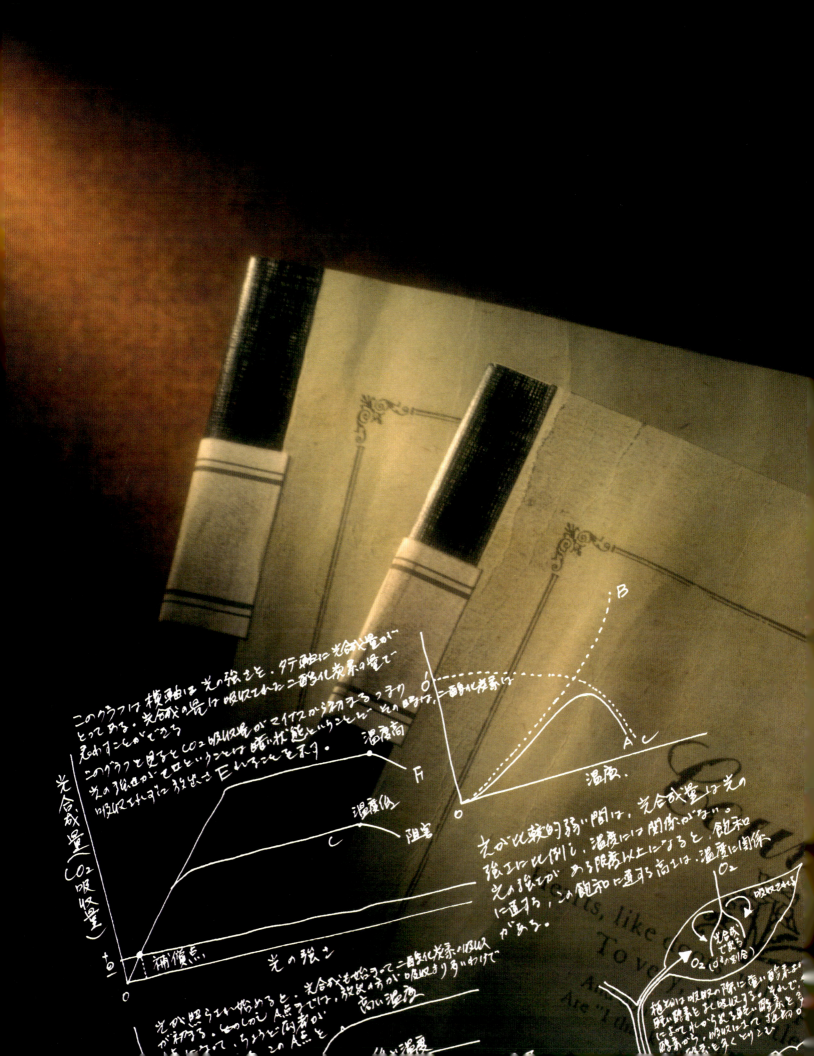

Karesansui-Garten

Eine Unterwasserlandschaft, die vom Stil und von ihrer schlichten Schönheit her an Zen-Tempelgärten erinnert. In diese Umgebung würde sich am besten der Rotkopfsalmler einpassen.

Nr. 36

Aufnahme: Mai 1991
Beckengröße: 150 x 45 x 60 cm
Inhalt: 400 l
Einrichtung/Pflege
    Beleuchtung: 4 x 30 W, 4 x 20 W
    Bodengrund: Meersand
    Dünger: unnötig
    Wasserwechsel: einmal pro Woche, 1/3 Becken
Wasserwerte
    Temperatur: 26 °C
    pH-Wert: 7,0
    Gesamthärte (GH): 2 °dH
    Karbonathärte (KH): 2 °dH
    Nitrit (NO_2): 0,1 mg/l
    Nitrat (NO_3): 10 mg/l
    Kohlendioxid (CO_2): 15 mg/l
    Sauerstoff (O_2): 5 mg/l

Grüne Reflexe auf dem Wasser

Wenn sich die starke Mittagssonne auf dem Wasser spiegelt, könnte es unter Wasser etwa so wie auf diesem Bild aussehen. Die helle Mittagsstimmung wurde durch sechs 40-Watt-Röhren erzielt.

Nr. 37

Aufnahme: Februar 1987
Beckengröße: 180 x 50 x 60 cm
Inhalt: 540 l
Einrichtung/Pflege
    Beleuchtung: 6 x 40 W
    Bodengrund: Flußsand
    Dünger: unnötig
    Wasserwechsel: alle zwei Wochen, 1/2 Becken
Wasserwerte
    Temperatur: 26 °C
    pH-Wert: 6,8
    Gesamthärte (GH): 2 °dH
    Karbonathärte (KH): 3 °dH
    Nitrit (NO_2): 0,1 mg/l
    Nitrat (NO_3): 10 mg/l
    Kohlendioxid (CO_2): 17 mg/l
    Sauerstoff (O_2): 6 mg/l

Das Farngebüsch

Ursprünglich befanden sich in diesem Aquarium viele Stengelpflanzen. Aber nach drei Jahren hatten sich die Farne durchgesetzt. Interessanterweise passen die Fadenfische gut in diese Umgebung.

Nr. 38

Aufnahme: März 1988
Beckengröße: 180 x 50 x 60 cm
Inhalt: 540 l
Einrichtung/Pflege
　Beleuchtung: 6 x 40 W
　Bodengrund: Flußsand
　Dünger: unnötig
　Wasserwechsel: alle zwei Wochen, 1/2 Becken
Wasserwerte
　Temperatur: 26 °C
　pH-Wert: 7,0
　Gesamthärte (GH): 3 °dH
　Karbonathärte (KH): 3 °dH
　Nitrit (NO_2): 0,1 mg/l
　Nitrat (NO_3): < 20 mg/l
　Kohlendioxid (CO_2): 16 mg/l
　Sauerstoff (O_2): 5 mg/l

Der friedliche Entsuyui

Die Nachbildung einer anmutigen Landschaft, die einen Eindruck von der chinesischen Heimat des Chinasaugers vermitteln soll. Den Mittelpunkt bildet eine Wurzel, die so umpflanzt wurde, daß der Eindruck eines Hügels entsteht, den die Fische friedlich umkreisen.

Nr. 39

Aufnahme: Dezember 1990
Beckengröße: 180 x 60 x 60 cm
Inhalt: 640 l
Einrichtung/Pflege
   Beleuchtung: 6 x 40 W
   Bodengrund: Flußsand
   Dünger: unnötig
   Wasserwechsel: alle zwei
   Wochen, 1/2 Becken
Wasserwerte
   Temperatur: 26 °C
   pH-Wert: 6,8
   Gesamthärte (GH): 3 °dH
   Karbonathärte (KH): 2 °dH
   Nitrit (NO_2): 0,1 mg/l
   Nitrat (NO_3): < 10 mg/l
   Kohlendioxid (CO_2): 16 mg/l
   Sauerstoff (O_2): 5 mg/l

Der Garten des Hauses Fujinami

Das Geschlecht der Muramatsu herrschte einst in Echigo (heute Niigata), das zu dieser Zeit ein florierendes Handelsstädtchen war. Der wundervolle Muramatsu-Park, in dem die Ruinen des alten Schlosses stehen, zeigt sich im Mai zur Zeit der Kirschblüte von seiner schönsten Seite. Wenn man den Park durchquert und den engen Weg zum Dorf zwischen den Hügeln nimmt, stößt man auf einige schöne Bäche. Sie sind der Ursprung des Senmi- und des Hayade-Flusses. Im Frühling, wenn die jungen Zweige auszutreiben beginnen, und im Herbst, wenn sich die Blätter rot färben, ist das Spiel von Licht und Farbe auf der Wasseroberfläche dieser Gebirgsbäche besonders beeindruckend. Da der Hayade ein eher reißender Strom ist, der Senmi hingegen mehr träge dahinfließt, spielen die Kinder vor allem am Senmifluß. Zudem besitzt der Senmi ein weites trockenes Bett, wo das Wasser besonders langsam fließt. Dort kann man auch gut ein Lagerfeuer entzünden und grillen. An diesem trockenen Flußbett steht ein Teehaus mit dem Namen „Fujisukegoya". Mit dem Verwalter, Shunsaku Watanabe, dem Schwiegervater meines Bruders, hatte ich oft auf gemeinsamen Entdeckungsreisen in die Umgebung die Gelegenheit, wertvolle Beobachtungen in freier Natur zu machen.

Glanz im Dschungel

Mit den vielen großblättrigen Pflanzen erzielt man die Wirkung eines dichten Dschungels. In solch dunklen Szenarien wirken Regenbogenfische besonders gut.

Nr. 40

Aufnahme: November 1989
Beckengröße: 180 x 60 x 60 cm
Inhalt: 640 l
Einrichtung/Pflege
    Beleuchtung: 6 x 40 W
    Bodengrund: Flußsand
    Dünger: unnötig
    Wasserwechsel: alle zwei
    Wochen, 1/2 Becken
Wasserwerte
    Temperatur: 25 °C
    pH-Wert: 7,1
    Gesamthärte (GH): 3 °dH
    Karbonathärte (KH): 3 °dH
    Nitrit (NO_2): 0,1 mg/l
    Nitrat (NO_3): < 10 mg/l
    Kohlendioxid (CO_2): 16 mg/l
    Sauerstoff (O_2): 6 mg/l

Holzstruktur im Grün

Durch häufiges Trimmen werden die Pflanzen voller und buschiger. Wurzelstücke setzen Akzente an den Rändern. Zum Ausgleich wird die Mitte frei gehalten.

Nr. 41

Aufnahme: Januar 1987
Beckengröße: 180 x 60 x 60 mm
Inhalt: 640 l
Einrichtung/Pflege
 Beleuchtung: 6 x 40 W
 Bodengrund: Flußsand
 Dünger: 0,1 ml/l
 Wasserwechsel: alle 10 Tage, 1/3 Becken
Wasserwerte
 Temperatur: 26 °C
 pH-Wert: 7,0
 Gesamthärte (GH): 1 °dH
 Karbonathärte (KH): 1 °dH
 Nitrit (NO_2): 0,1 mg/l
 Nitrat (NO_3): < 10 mg/l
 Kohlendioxid (CO_2): 19 mg/l
 Sauerstoff (O_2): 8 mg/l

Leuchten über dem Gebirge

Nr. 42

Dieses Komposition, bestehend aus mehreren dynamischen Gesteinsgruppen, unterscheidet sich deutlich von den Steinkompositionen, die streng den Regeln eines japanischen Gartens folgen. Die Kombination dicht wachsender Glossostigma mit Steinen erweckt den Eindruck eines schroffen Gebirgszuges.

Aufnahme: Dezember 1991
Beckengröße: 180 x 60 x 60 cm
Inhalt: 640 l
Einrichtung/Pflege
  Beleuchtung: 4 x 20 W
  Bodengrund: Blähton
  Dünger: 0,1 ml/l
  Wasserwechsel: einmal pro Woche, 1/2 Becken
Wasserwerte
  Temperatur: 27 °C
  pH-Wert: 6,9
  Gesamthärte (GH): 1 °dH
  Karbonathärte (KH): 2 °dH
  Nitrit (NO_2): < 0,1 mg/l
  Nitrat (NO_3): < 10 mg/l
  Kohlendioxid (CO_2): 15 mg/l
  Sauerstoff (O_2): 6 mg/l

Farbenfroher Garten

Eine neuere Arbeit, in der die Steine mit den filigranen Pflanzen eine dynamische Komposition bilden. In dieser Anlage ist die japanische Methode der Gartengestaltung besonders deutlich zu erkennen.

Nr. 43

Aufnahme: Oktober 1991
Beckengröße: 180 x 60 x 60 cm
Inhalt: 640 l
Einrichtung/Pflege
    Beleuchtung: 16 x 20 W
    Bodengrund: Flußsand
    Dünger: 0,1 ml/l
    Wasserwechsel: einmal pro Woche, 1/3 Becken
Wasserwerte
    Temperatur: 25 °C
    pH-Wert: 7,0
    Gesamthärte (GH): 2 °dH
    Karbonathärte (KH): 2 °dH
    Nitrit (NO_2): 0,1 mg/l
    Nitrat (NO_3): < 20 mg/l
    Kohlendioxid (CO_2): 23 mg/l
    Sauerstoff (O_2): 9 mg/l

Auf grünen Polstern

Dieser Pflanzenteppich, bestehend aus Riccia, erstreckt sich von einem Ende zum anderen eines 180 cm langen Beckens. Zur Auflockerung fügte ich etwas Haargras hinzu, das aus der gleichen Region stammt wie Riccia. Ein Aquarium, wie geschaffen für die Siamesische Rüsselbarbe.

Nr. 44

Aufnahme: Juni 1991
Beckengröße: 180 x 60 x 60 cm
Inhalt: 640 l
Einrichtung/Pflege
    Beleuchtung: 6 x 40 W
    Bodengrund: Flußsand
    Dünger: unnötig
    Wasserwechsel:
    einmal pro Woche
Wasserwerte
    Temperatur: 24 °C
    pH-Wert: 6,8
    Gesamthärte (GH): 1 °dH

Ein Pflanzenteppich

Es ist eigenartig, daß sich Menschen sehr gut an Dinge erinnern können, die 20 oder 30 Jahre zurückliegen, auch wenn sie das meiste von dem vergessen haben, was erst gestern oder vorgestern passiert ist.
Als ich klein war, gab es noch kein Schwimmbad in unserer Stadt. Deshalb wurde der Fluß gestaut, und wir konnten in dem dadurch entstandenen Wasserbecken baden. Da das Flußwasser im Gegensatz zum Meerwasser oder dem in Schwimmbädern sehr kalt war, froren wir schon nach etwa einer halben Stunde. Viele Kinder sonnten sich daher auf der Holzbrücke und wenn das zu langweilig wurde, spielten sie auf den Wiesen.

Die Wiesen waren feucht und voller Haargras. Es war sehr angenehm, darauf barfuß zu laufen. Dort gab es auch viele Pfützen und Teiche, die vollkommen von der Wasserlinse bedeckt und deshalb oft kaum zu erkennen waren.
Die kleineren Kinder waren hier beim Fangen spielen eindeutig im Vorteil, da die größeren wegen ihres Gewichts oft bis zur Hüfte in dem Pflanzenteppich versanken. Dieser Pflanzenteppich war für mich etwas Göttliches, da er mich damals als den Kleinsten von allen vor den größeren frechen Kindern rettete. Haargras und *Riccia* waren wie ein Polster, auf dem sich Frösche und In-

sekten tummelten. Diese wunderbaren Wasserpflanzen kommen meist gemeinsam im Moor vor. Damals dachte ich oft, wie schön diese Pflanzen doch sind, aber über dreißig Jahre habe ich mich nicht an diese Szene erinnert. Heute steht sie jedoch wieder deutlich vor meinen Augen, wenn ich meine eigenen Wasserlandschaften schaffe. Daher verwende ich überwiegend *Riccia* und Haargras zur Bepflanzung. Als Kind nannte ich das Haargras „Ushi-Kouge". „Ushi" bedeutet Kuh, und „kouge" steht für Reiben. Haargras sieht nämlich aus wie eine Scheuerbürste, wie man sie zum Abreiben der Kühe verwendet.

Im Kleinen das Große erkennen

Obwohl ich kein Zen-Buddhist bin, interessiere ich mich sehr für den Rinzai-Zen-Buddhismus und besuchte oft den Kasuisai-Zentempel in Kakegawa (Zentraljapan). Zweimal am Tag, am Morgen und in der Nacht, meditiert man dort für etwa eine Stunde. Jedes Mal, wenn ich dort war, blieb ich eine Woche und habe so schon viele Meditationsstunden erlebt. Trotzdem bin ich natürlich immer noch weit entfernt vom „Nirwana", in dem keine Gedanken oder Wünsche mehr existieren. Der Zen-Buddhismus kam in der Zeit zwischen 1192 und 1333 von China nach Japan, und zwar durch den berühmten Zen-Mönch Eisai. Der Einfluß des Zen in der japanischen Kultur ist sehr groß. An diesem Einfluß interessieren mich am meisten die Zen-Gärten, die ich in Büchern und durch Besuche eingehend studierte. Der Karesansui-Stil (aus Kyoto) ist ein repräsentativer Stil der Zen-Gartengestaltung. In der Muromachi-Zeit (1338-1573) wurden in der Gartenkunst die grandiosen chinesischen Berg-Wasser-Landschaften auf kleinstem Raum nachgebildet. Der Schwerpunkt meiner Arbeit liegt darin, Landschaften nach dem Vorbild der Natur zu erschaffen.
In Zen-Gärten im Stil des Karesansui versucht man, den Kosmos auf kleinem Raum darzustellen und so im Kleinen das Große auszudrücken. Besonders lehrreiche Beispiele für das Studium der Anordnung von Steinen und den Gesamtentwurf eines Landschaftsgartens im Karesansui-Stil sind der Hojonan-Garten im Daitokuji-Tempel, der Hojohoku-Garten im Ryugenin-Tempel, der Hojohoku-Garten im Daisenin-Tempel, der Hojo-Garten im Ryoanji-Tempel, der Hojohoku-Garten im Entokuin-Tempel und der Garten im Tenryuji-Tempel. Der Schriftsteller Masaaki Tachihara bemerkte zum Thema europäische Gärten in seinem Buch „Die Japanischen Gärten": „Europäer versuchen, die Schönheit selbst neu zu erschaffen. Die Asiaten finden die Schönheit im Alltagsleben". In Europa besichtigte ich einmal einen Schloßgarten. Es handelte sich um einen künstlich angelegten Schmuckgarten, der auf mich mit seinen exakt eingeteilten Blumenbeeten einen ziemlich langweiligen, geistlosen Eindruck machte.
Im Gegensatz dazu ist beispielsweise der Ryoanji-Tempelgarten sehr abstrakt und ausschließlich mit Steinen und Sand gestaltet. Und doch sind sowohl die Steine als auch der Sand von reiner und natürlicher Schönheit. Dieses Beispiel zeigt, daß die Bedeutung des Gartens im Westen eine völlig andere ist als die im Osten.

Aquarium und Ökologie

Umweltverschmutzung und die zunehmende Erwärmung der Atmosphäre sind mittlerweile ernste Probleme, die uns alle betreffen. Das empfindliche Ökosystem der Erde wird auf verschiedene Art und Weise zunehmend gefährdet und zerstört: Das Abholzen der tropischen Regenwälder und das Sterben der Korallenriffe infolge der zunehmenden Meeresverschmutzung zeigen die fortschreitende Umweltzerstörung an. Es ist nicht zutreffend, daß die Ursache der Klimaveränderung alleine in der Erhöhung der CO_2 (Kohlendioxid) - Konzentration zu suchen ist. Bereits in der Schule lernt man, daß Kohlendioxid, Algen und Korallen existenziell sehr eng miteinander verbunden sind. Doch wird dieser einfache Zusammenhang später oft vergessen. Pflanzen nehmen nicht nur Kohlendioxid auf und geben Sauerstoff ab. Sie produzieren Stoffe, die Krankheitserreger abtöten und entziehen der Luft und dem Wasser Schadstoffe. Auf diesem Planeten wäre ohne Pflanzen kein Leben möglich. Die Aquarianer wissen das sehr gut. Wenn die Wasserpflanzen gut wachsen, werden die Fische selten krank. Aber wenn das Aquarium einmal aus der Balance gerät und die Wasserpflanzen zu wachsen aufhören, treten Probleme auf. Die Fische werden anfällig für Krankheiten wie *Ichtyophtirius* (Weißpünktchenkrankheit). Algen bedecken die Oberfläche der Blätter, das Glas und den Kies. Die Folge ist eine Verschlechterung der Wasserqualität und das Wasser beginnt zu riechen. Die gleichen Symptome beobachten wir auch im Großen bei der Verschmutzung der Seen und Flüsse.

In tiefes Grün getaucht

Anubias nana wirkt hier im grünen Dschungel als interessanter Akzent. Der einzelne gelbe Platy in der Mitte kommt förmlich zum Leuchten.

Nr. 45

Aufnahme: Oktober 1991
Beckengröße: 225 x 45 x 60 cm
Inhalt: 600 l
Einrichtung/Pflege
    Beleuchtung: 4 x 30 W; 8 x 20 W
    Bodengrund: Flußsand
    Dünger: 0,1 ml/l
    Wasserwechsel: alle zwei
    Wochen, 1/2 Becken
Wasserwerte
    Temperatur: 26 °C
    pH-Wert: 6,9
    Gesamthärte (GH): 3 °dH
    Karbonathärte (KH): 2 °dH
    Nitrit (NO_2): 0,1 mg/l
    Nitrat (NO_3): < 20 mg/l
    Kohlendioxid (CO_2): 18 mg/l
    Sauerstoff (O_2): 8 mg/l

sonders interessant ist dabei, daß hlendioxidmangel im Aquarium s Wachstum der Wasserpflanzen hindert. Im ökologischen System r Erde ist aber die Zunahme von ₂ in der Atmosphäre das Problem. Aquarien hingegen fehlt Kohlenoxid, wenn die Wasserpflanzen zu rk wachsen. Im Handel sind dagen Geräte erhältlich, die die CO_2-nzentration im Wasser konstant ten helfen.

chdem die Methode der Kohlenxiddüngung sich allgemein rchgesetzt hatte, eröffneten sich Verbindung mit moderner Aqua-rientechnik völlig neue Wege in der Haltung und Pflege von Wasserpflanzen. In diesem Aquarium (240 x 60 x 60 cm) kann ich beispielsweise den pH-Wert bis auf 1/100 genau bestimmen und einstellen. Wenn der pH-Wert infolge der Photosynthese (Verbrauch von Kohlendioxid) steigt, wird Kohlendioxid zugefügt, bis der pH-Wert sinkt. Umgekehrt, wenn der pH-Wert in der Nacht durch den Atemprozeß der Wasserpflanzen sinkt, wird dem Wasser Luft und damit Sauerstoff zugeführt.

Wasserfarne von der Insel Nishiomote

Von 1977-1980 besucht ich insgesamt dreimal die Insel Nishiomote, die durch die Entdeckung der Iriomote-Wildkatze in ganz Japan bekannt geworden ist. Sie war die ursprünglichste und letzte geheimnisvolle Insel Japans, bevor zahlreiche Touristen nun auch von ihr Besitz ergriffen haben. Die Insel selbst ist in zwei Regionen, Ost und West, aufgeteilt. Die Ostseite liegt gegenüber der Insel Ishigaki. Hier trifft man viele Touristen, Damen mit hohen Absätzen und Herren in feinen Anzügen.

Aus diesem Grund halte ich mich bei einem Besuch der Insel niemals auf der Ostseite auf, sondern durchquere sie bis zum Dorf Shirahama im westlichen Teil mit dem Bus, soweit die Straße befahrbar ist. Das letzte Drittel des Weges bis zu dem Dörfchen Funauki bewältige ich mit einem gemieteten Boot, um die felsige Steilküste zu umschiffen, wo der einsame Teil der Insel liegt. Hier gibt es nicht einmal mehr einen Fußweg durch die Klippen. Damals standen dort noch sechs Häuser und zwanzig Menschen lebten hier. Elektrische Energie wurde in jedem Haus selbst erzeugt, eine Wasserversorgung gab es nicht. Die Menschen tranken mit Jasmin gefiltertes Wasser und waren reine Selbstversorger, einige Bewohner dieser Gegend lebten vom Fischfang, andere jagten Wildschweine oder Gemsen.

Dieses kleine Dorf gefiel mir sofort, und ich bat den Dorfvorsteher, mich dort übernachten zu lassen. Bereits früh am Morgen ging ich zum Angeln, und ich hätte immer mehr Fische fangen können, als ich benötigte. In den Bächen wimmelte es von Aalen, die schon anbissen, bevor der Köder überhaupt unter die Wasseroberfläche sinken konnte. Aber in erster Linie wollte ich Cochos, Yakkos und Grundeln fangen. Als Köder verwendete ich die Schwänze von Einsiedlerkrebsen. Immer wieder gelang es mir, innerhalb von einer Stunde mir unbekannte Arten zu fangen, die ich in keinem Lexikon finden konnte. Nach dem Frühstück ging ich, mit Proviant ausgerüstet, in den Wald. Anfangs war mir unwohl und ich hatte Angst, insbesondere vor den zahlreichen Schlangen. Ich sah viele von ihnen, zudem verschiedene Arten von Eidechsen, Schildkröten, Vögeln und seltenen Fledermäusen. Unter diesen seltsamen Lebewesen interessierten mich am meisten die Farne, die dort sehr zahlreich wuchsen und deren Wurzeln ich sammelte. Eines Tages entdeckte ich in einem Tal einige Microsorien, die ja als Aquarien-Wasserpflanzen sehr populär sind. Sie wuchsen, als wären sie auf den Steinen festgeklebt. Nachdem ich nach Hause zurückgekehrt war, erzählte ich dem Wasserpflanzenspezialisten Mitsuo Yamazaki aus Kyoto von meinen Beobachtungen. Er interessierte sich sofort für das wilde Microsoriumvorkommen und schrieb später einen Artikel über seine Forschungen auf Nishiomote.

Die Insel Yonaguni

Yonaguni liegt ca. 500 km südwestlich von Okinawa, 130 km von Ishigaki und 150 km von Taiwan entfernt. Ich besuchte diese Insel zweimal, und vielleicht weil sie mitten im ostchinesischen Meer liegt, hat sie das Image eines im Ozean verlorenen Eilandes. Auf dieser Insel gibt es zwei kleine Dörfer: Sonai und Hikawa. Ein Bus verkehrt zweimal täglich zwischen den beiden Orten. Noch im Jahr 1977 hatte der Busfahrer keinen Führerschein und die technische Zulassung des Fahrzeugs war lange abgelaufen. Auf meine Nachfrage antworteten die Einwohner, daß es so etwas bei ihnen nicht gebe. Später erfuhr ich, daß es auf dieser Insel weder Polizei noch einen Arzt gab. Ein wahrhaft friedlicher Platz!

Ich blieb zwei Wochen auf der Insel. Im Vergleich zu Ishigaki und Nishiomote findet man hier ganz andere Boden- und Lebensformen, obwohl alle drei Inseln zum Yaeyama-Archipel gehören. Die Landschaft dieser Insel mit ihren Klippen hebt sich wunderbar vom blauen Himmel ab. Ich wohnte während meines Aufenthalts in einer kleinen Pension in Sonai und besuchte einige Tropfsteinhöhlen, die selbst die Inselbewohner noch nicht kannten. Dort fing ich viele Süßwasserkrabben, armdicke Aale und flußkrebsgroße Garnelen und fotografierte zahlreiche Wasserinsekten. Eines Tages wanderte ich im Arakawa-Tal, eine unbewohnte Region der Insel. Bereits früh am Morgen hatte ich Sonai verlassen und die 10 km dorthin zu Fuß zurückgelegt. Ein Drittel des Weges war von Reisfeldern gesäumt, der Rest führte durch den Wald, wo es keinen Fußweg mehr gab, so daß ich einfach bachaufwärts marschierte. Unterwegs rastete ich immer wieder auf Felsen im Bach.

Ich beobachtet dabei die Pfützen vom Regen des vorhergehenden Tages, wo winzige hell-lilafarbenen Schmetterlinge tranken, hörte die Vögel singen und entdeckte Farne der Gattung *Ootaniwari* und mir unbekannte Orchideen. Dies ist ein typisch tropischer Dschungel. In meinen Aquarien verwende ich oft Wurzelstücke, *Microsorium* und Javamoos, um dieses Bild einer tropischen Landschaft darzustellen.

Kurz vor dem Arakawa-Tal überfiel mich ein großer Hunger, und ich bedauerte sehr, daß ich keinen Proviant mitgenommen hatte. Da fiel mein Blick auf die schmackhaft aussehende Frucht der Yamaimo-Kartoffel. Ich schnitt sie in Stücke und biß hinein. Augenblicklich traf es mich wie ein Keulenschlag, denn mein Mund brannte, als hätte ich reinen Tabasko gekaut. Ich gurgelte sofort mit Wasser, konnte es aber nicht einmal im Mund behalten. Als ich merkte, daß diese Kartoffel hochgiftig ist, war es bereits zu spät. Ich wand mich vor Schmerzen und hatte nicht einmal die Kraft, nach Hilfe zu rufen. Dennoch kämpfte ich mich irgendwie vorwärts bis zum nahegelegenen Arakaw-Tal. Später fand ich einige Bilder vom Arakawa-Tal auf meinem Film, konnte mich aber nicht mehr daran erinnern, fotografiert zu haben. Zurück in meiner Pension, bemerkte der Hausherr sofort, daß ich von der Yamaimo-Kartoffel gegessen hatte. Ich konnte kaum reden und meine Augen tränten. Eine Cessna brachte mich zur benachbarten Insel ins Krankenhaus. Die Fragen des Arztes konnte ich nicht beantworten, denn mein Mund brannte, als hätte ich kochendes Wasser getrunken. Eine Krankenschwester fragte mich, ob ich von dieser Kartoffel gegessen hätte. Als Antwort konnte ich nur nicken. Sie erzählte mir, daß sie seit ihrer Kindheit vor der Yamaimo gewarnt worden sei. Der Arzt erklärte mir, daß es das erste Mal sei, daß er solch einen Fall zu Gesicht bekomme. Man müsse erst einmal abwarten und beobachten. Sie müssen mich für sehr naiv gehalten haben, da weder Arzt noch Schwestern sich ein Lachen ganz verkneifen konnten.

Schwarm über der Savanne

Mit dieser Einrichtung versuchte ich, die afrikanische Steppe nachzuempfinden, eine Komposition mit Holz,

Nr. 46

Aufnahme: Dezember 1990
Beckengröße: 240 x 60 x 60 cm
Inhalt: 860 l

Raum und Symmetrie

Das Holz und die Wasserpflanzen auf beiden Seiten schaffen Raum in der Mitte und im Vordergrund. Zwischen den beiden Aufnahmen liegen nur sechs Monate, und doch sieht man bereits deutliche Unterschiede.

Nr. 47

Aufnahme: April 1986
Beckengröße: 240 x 60 x 60 cm
Inhalt: 860 l
Einrichtung/Pflege
    Beleuchtung: 6 x 40 W
    Bodengrund: Meersand
    Dünger: 0,1 ml/l
    Wasserwechsel: alle 10 Tage, 1/3 Becken

Wasserwerte
    Temperatur: 26 °C
    pH-Wert: 6,8
    Gesamthärte (GH): 2 °dH
    Karbonathärte (KH): 3 °dH
    Nitrit (NO_2): 0,1 mg/l
    Nitrat (NO_3): < 20 mg/l
    Kohlendioxid (CO_2): 15 mg/l
    Sauerstoff (O_2): 5 mg/l

1/2 Jahr

1 Jahr

Ein farbenprächtiger Schwarm

Diese Szene ist einem typischen Nebenfluß des Amazonas nachempfunden. Ein herrliches Becken, üppig bepflanzt mit Echinodorus horemanii und Microsorium und besetzt mit einem Schwarm aus über 500 Neonfischen.

Nr. 48

Aufnahme: September 1989
Beckengröße: 240 x 60 x 60 cm
Inhalt: 860 l
Einrichtung/Pflege
    Beleuchtung: 6 x 40 W
    Bodengrund: Flußsand
    Dünger: 0,1 ml/l
    Wasserwechsel: alle zwei Wochen, 1/2 Becken

Wasserwerte
    Temperatur: 25 °C
    pH-Wert: 6,9
    Gesamthärte (GH): 2 °dH
    Karbonathärte (KH): 3 °dH
    Nitrit (NO_2): 0,1 mg/l
    Nitrat (NO_3): < 10 mg/l
    Kohlendioxid (CO_2): 18 mg/l
    Sauerstoff (O_2): 9 mg/l

1/2 Jahr

1 Jahr

Im Schatten der Bäume

Eine Szene mit einem V-förmigem, von Moosen und Farnen bewachsenen Wurzelstück im Mittelpunkt. Der Vordergrund wirkt durch das Holz dunkel, aber der Hintergrund ist hell wie in Sonnenlicht getaucht.

Nr. 49

Aufnahme: Mai 1986
Beckengröße: 240 x 60 x 60 cm
Inhalt: 860 l
Einrichtung/Pflege
    Beleuchtung: 6 x 40 W
    Bodengrund: Meersand
    Dünger: unnötig
    Wasserwechsel: alle zwei
    Wochen, 1/2 Becken
Wasserwerte
    Temperatur: 26 °C
    pH-Wert: 6,8
    Gesamthärte (GH): 2 °dH
    Karbonathärte (KH): 1 °dH
    Nitrit (NO_2): 0,1 mg/l
    Nitrat (NO_3): < 10 mg/l
    Kohlendioxid (CO_2): 17 mg/l
    Sauerstoff (O_2): 6 mg/l

Wasser, Grün und Fische

Die Horizontale dieses Aquariums wird von Wistarien (Hygrophila difformis) gebildet. Die rechte Seite des Fotos ist etwas unscharf. Der Grund hierfür ist der, daß die Wasserpflanzen so stark gewachsen waren, daß der Filter das Wasser nicht mehr ausreichend stark umwälzen konnte.

Nr. 50

Aufnahme: November 1981
Beckengröße: 240 x 60 x 60 cm
Inhalt: 860 l
Einrichtung/Pflege
    Beleuchtung: 8 x 40 W
    Bodengrund: Flußsand
    Dünger: wenig
    Wasserwechsel: einmal pro Woche, 1/3 Becken
Wasserwerte
    Temperatur: 28 °C
    pH-Wert: 6,9
    Gesamthärte (GH): 3 °dH
    Karbonathärte (KH): 2 °dH
    Nitrit (NO_2): 0,1 mg/l
    Nitrat (NO_3): < 20 mg/l
    Kohlendioxid (CO_2): 19 mg/l
    Sauerstoff (O_2): 8 mg/l

ein großartiges Schauspiel im Angesicht des Todes

Wer kennt nicht „Die Abenteuer des Robinson Crusoe" von Daniel Defoe, träumt nicht vom Leben und den Abenteuern auf einer unbewohnten Insel. Immer wenn der Unterricht langweilig wurde, blätterte ich im Weltatlas. Ich betrachtete die satten grünen Graseebenen, die steil aufragenden Gebirge, die endlosen braunen Wüsten und die unermeßlich großen Ozeane, die mehr als die Hälfte der Weltkarte bedecken, und träumte von einsamen, unbewohnten Inseln.

10 Jahre später las ich „Gespräch mit der Natur" von Tetsuo Takara. Es handelt von der einzigartigen Natur der Yaeyama-Inseln. Ein Kapitel ist der „unerforschten Insel Nakanokami" gewidmet. Über diese schrieb er: „Im Meer um Nakanokami kann man viele verschiedene Fische bobachten. Deshalb ist dies ein wahres Paradies für Seevögel. Bei schlechtem Wetter ist die Fahrt zu dieser Insel allerdings sehr gefährlich, da die Meeresströmung hier ausgesprochen stark ist und es viele Strudel gibt. Schon mancher versuchte mit dem Boot durchzukommen, um die Seevögelschwärme zu sehen, doch jedes Mal passierte ein Unglück." Als ich dies las, spürte ich eine Erregung in mir, die meinen ganzen Körper elektrisierte. Mein Entschluß stand fest: Ich muß unbedingt auf diese Insel. Bereits wenige Tage später war ich im Fischereihafen von Yaeyama. Dort versuchte ich, ein Boot zur Insel Nakanokami zu chartern. Die Reaktion war vernichtend. Egal wieviel ich bot, niemand war bereit, das Risiko auf sich zu nehmen und dorthin zu fahren. Wie wohl viele andere Abenteurer packte mich nun erst recht der Ehrgeiz, dort hinzufahren. Da es hier keine Möglichkeit gab ein Boot zu mieten, fuhr ich auf die Nachbarinsel Nishiomote. Aber auch hier hatte ich keinen Erfolg: „Egal, wieviel Du uns auch bezahlen willst, unser Leben ist uns wichtiger."

Schließlich versuchte ich es noch auf der Insel Hateruma, die von Ishigaki in sechs Stunden mit einem regelmäßig fahrenden Dampfer zu erreichen ist. Glücklicherweise lernte ich dort einen Fischer, Herrn Inoue, kennen, bei dem ich eine Woche wohnte. Auch ihn bat ich, mich nach Nakanokami zu bringen. Er versprach mir, mich bei gutem Wetter mitzunehmen. Eine Woche sollte ich noch warten, bis Herr Inoue mich endlich eines Morgens weckte: „Wachen Sie auf! Wenn nicht heute, dann gibt es keinen Tag um überzusetzen." Wir packten Kamera, Kleidung und Proviant ein. Inoues Schiff war ein neues 5-m-Glasfiberboot. Es war schnell, aber nicht sehr stabil. Die Wellen auf dem Weg zur Insel waren 5-6 m hoch, trotzdem hatten wir keine Probleme, wahrscheinlich weil die Wellen Richtung Insel gingen.

Nachdem wir etwa eine Stunde unterwegs waren, tauchte ein Fels auf, der wie ein Kriegsschiff aussah. Um diesen Felsen herum gurgelten die Strudel und zahlreiche Seevögel umkreisten ihn. Und da war sie endlich, Nakanokami, die Insel meiner Träume. Die Bucht hatte die Form einer langgezogenen Sichel. Das Meer war hier ganz ruhig und es gab keine Wellen mehr. In der Mitte der Bucht schaltete Herr Inoue den Motor ab und forderte mich auf, den Rest zu schwimmen, da ansonsten das Boot beschädigt würde. Ich zog mich aus und sprang ins Wasser, ohne mich vorher zu vergewissern, daß keine Haie in der Nähe waren. Im klaren Wasser sah ich unter mir viele Papageienfische schwimmen. An der Wasseroberfläche standen Seenadeln, und über mir schwebten so viele Seevögel, daß sie den Himmel verdunkelten.

An Land konnte man kaum auftreten, die überall Vogelnester den Boden bedeckten. Die ganze Insel war von einer samtigen Pflanze bedeckt. Doch mein Aufenthalt hier sollte nur von kurzer Dauer sein. Plötzlich schrie Herr Inoue vom Boot her und zeigte wild gestikulierend zum Himmel. Da auch mir bereits die Wetterveränderung aufgefallen war, schwamm ich sofort zurück. Wieder auf dem Boot, zog ich den Regenmantel an und band mich mit dem Sicherheitsseil fest. Erst dachte ich, daß das nicht notwendig wäre, änderte aber meine Meinung, als wir die Bucht verließen. Die Strudel waren zuvor schon groß gewesen, aber innerhalb einer Stunde waren sie auf drei- oder vierfache Größe angeschwollen. Die mehr als 10 m hohen Wellen rollten heran, die Wolken flogen über unseren Köpfen und der Regen prasselte so hart von der Seite, daß wir unsere Augen nicht offenhalten konnten. Der Himmel war schwarz und wenn eine der lackschwarzen Wellen den Himmel traf, flog das Boot mehr als 10 m hoch. Die Insel war nicht mehr zu sehen. Mich überkam eine späte Reue. Schließlich dachte ich, mag da kommen was will - es wird wie es wird. Plötzlich wurde es wieder heller und ich hörte ein schlagendes Geräusch. Zwischen den Wolken kam die Sonne durch und überall um uns flogen tausende, ja hunderttausende von fliegenden Fischen. Sie schimmerten blau-weiß im Sonnenschein, die einen flogen durch die Wellen, andere über die Wellen hinweg. Ihre schillernden Schuppen und die durchsichtigen Brustflossen harmonierten auf das Wunderbarste mit dem stürmischen Meer, den fliegenden Wolken und dem Sonnenschein.

In diesem Moment beschloß ich, wenn ich jemals lebend zurückkommen sollte, möglichst vielen Menschen von diesem ergreifenden Schauspiel zu berichten. Das war im März 1975.

Impression mit Holz

Diese Szene wird von der Wurzel in der Mitte beherrscht. Vielleicht empfinden Sie den Roten Tigerlotus rechts vorne als nicht ganz passend, aber in Kombination mit dem Holz schafft er eine interessante Spannung.

Nr. 51

Aufnahme: November 1985
Beckengröße: 240 x 75 x 75 cm
Inhalt: 1350 l
Einrichtung/Pflege
    Beleuchtung: 8 x 40 W
    Bodengrund: Flußsand
    Dünger: 0,1 ml/l
    Wasserwechsel: alle zwei
    Wochen, 1/2 Becken
Wasserwerte
    Temperatur: 26 °C
    pH-Wert: 6,9
    Gesamthärte (GH): 3 °dH
    Karbonathärte (KH): 3 °dH
    Nitrit (NO_2): 0,1 mg/l
    Nitrat (NO_3): < 20 mg/l
    Kohlendioxid (CO_2): 18 mg/l
    Sauerstoff (O_2): 6 mg/l

Aquarium für Ungeduldige

...mal erhielt ich den Auftrag, für ... Restaurant ein Schauaquarium ...zurichten. Anfangs fand ich die ...fgabe reizvoll, aber als ich mir ...m Architekten den Plan erklären ..., sah ich bereits große Probleme ...f mich zukommen. Die Eröffnung ... am 15. August, aber die Bau-...eiten dauerten bis zum 14. also ...b mir nur der Abend des 14. und ... Vormittag des 15. August, um ... Becken einzurichten. Es sollte ... x 75 x 75 cm groß sein. Ich be-...loß, auf meine Erfahrung zu ver-...uen und nahm den Auftrag an. ... Architekt meinte: „Ach ja, am ...nd des 15. ist die Eröffnung. Bis ...in wird das Wasser doch klar sein? Und Sie können ungefähr 10 Fischarten verwenden. Ich erwarte eine perfekte Arbeit, da Ihr Aquarium die Hauptattraktion des Restaurant sein wird." Nachdem er das gesagt hatte, verschwand er. Nachdem er fort war, bereute ich, den Auftrag angenommen zu haben. Wenn ich es genau bedachte, war es eine Frechheit. Ich mußte zunächst das Becken ins Restaurant bringen, vorbereiten, Wasserpflanzen und dann die Fische einsetzen; und all dies mußte in 18 Stunden über die Bühne gehen. Hinzu kam, daß das Wasser klar sein mußte und man nicht merken durfte, daß die Pflanzen gerade erst gepflanzt worden waren. Es war einfach unmöglich! Das größte Problem war, daß alle Gäste, die dieses Aquarium betrachten würden, keine Ahnung von Aquarien hatten. Wenn sie etwas davon verstehen würden, wäre ihnen klar, daß man es an einem Tag nicht besser machen kann. Aber für den Laien ist es selbstverständlich, daß alles perfekt ist.

Schließlich schaffte ich es gerade noch vor der Eröffnung. Drei Stunden dauerte es, Aquarium und Zubehör heranzuschaffen und zu installieren, 10 Stunden die Einrichtung und Bepflanzung. Am schlimmsten war, daß es so heiß war. Ich konnte weder die Klimaanlage benutzen noch die Fenster öffnen, und weil mein Helfer aufgab, mußte ich allein gegen Hitze und Müdigkeit kämpfen. Während der ersten Hälfte des Eröffnungsempfangs war das Wasser bereits zu 70% klar und während der zweiten Hälfte schon zu 90%. Ich verwendete vier Filter, davon zwei mit Filterkohle. Die beiden Geräte waren zuvor in anderen Aquarien eingefahren worden.

Beim Eröffnungsempfang war ich anwesend. Da ich von der Arbeit erschöpft war, konnte ich die Gespräche der Gäste nur am Rande mitverfolgen. Doch schien das Aquarium gut anzukommen, und manche zeigten sich erstaunt, daß „es so einfach ist, tropische Fische zu pflegen".

(1) Cafe „Kogage"
(2) Kaufhaus „Mitsukoshi"
(3) Amanos Arbeitszimmer
(4) Restaurants „Viciois"
(5) Japanrestaurant „Shiga-tei"

Ein Bett im dunklen Grün

Dies ist eine Unterwasserszene, die von allen Seiten betrachtet werden kann. Das ist deswegen möglich, da die beiden Holzstücke einen weiten offenen Raum in der Mitte freigeben. Anubiaswurzeln, die frei herabhängen, verstärken die natürliche Wirkung.

52

Aufnahme: Juni 1989
Beckengröße: 140 x 80 x 80 cm
Inhalt: 890 l
Einrichtung/Pflege
Beleuchtung: 6 x 40 W
Bodengrund: Flußsand
Dünger: unnötig
Wasserwechsel: alle zwei
Wochen, 1/3 Becken
Wasserwerte
Temperatur: 25 °C
pH-Wert: 6,8
Gesamthärte (GH): 2 °dH
Karbonathärte (KH): 1 °dH
Nitrit (NO_2): 0,1 mg/l
Nitrat (NO_3): < 10 mg/l
Kohlendioxid (CO_2): 17 mg/l
Sauerstoff (O_2): 6 mg/l

Nr. 53

Aufnahme: Dezember 1985
Beckengröße: 120 x 100 x 75 cm
Inhalt: 900 l
Einrichtung/Pflege
 Beleuchtung: 10 x 20 W
 Bodengrund: Meersand
 Dünger: unnötig
 Wasserwechsel: alle zwei
 Wochen, 1/3 Becken
Wasserwerte
 Temperatur: 28 °C
 pH-Wert: 6,9
 Gesamthärte (GH): 3 °dH
 Karbonathärte (KH): 2 °dH
 Nitrit (NO_2): 0,1 mg/l
 Nitrat (NO_3): < 20 mg/l
 Kohlendioxid (CO_2): 15 mg/l
 Sauerstoff (O_2): 6 mg/l

Ungewöhnliche Perspektive

Das auf dieser Seite abgebildete Aquarium habe ich speziell für die Haltung von westafrikanischen Cichliden entworfen, die in ihrer Heimat in Flüssen und Bächen leben. Normalerweise richte ich ein Aquarium ein und überlege dann, welche Fische am besten zu der gewählten Bepflanzung passen. Doch wenn man die Haltung bestimmter Arten plant, muß man anders vorgehen. Hier gilt es bereits während der Planung zu überlegen, welche Ansprüche die jeweiligen Fische an ihren jeweiligen Lebensraum stellen. Dies erfordert mehr Zeit und Mühe als eine unter rein ästhetischen Gesichtspunkten angelegte Einrichtung, doch dafür hat man später um so mehr Freude an dem Becken, wenn die Fische sich wohlfühlen und vielleicht sogar fortpflanzen.
Diese Einrichtung ist insofern ungewöhnlich, da man die Fische nicht nach Belieben betrachten kann. Den Fischen stehen vielmehr soviele Versteckmöglichkeiten zur Verfügung, daß sie selbst „entscheiden" können, ob sie sich dem Betrachter zeigen oder nicht. Damit habe ich zwei Probleme auf einmal gelöst: Zwergcichliden sind sehr scheu und zeigen sich selten im vorderen Bereich des Beckens, zum anderen sind sie während der Laichzeit ausgesprochen aggressiv untereinander und gegenüber anderen Arten. Somit sind Versteckplätze von größter Wichtigkeit.

Die beiden Wurzeln stellen die Basis des Entwurfs dar. Dazwischen sind mehrere verschieden große Steine so aufgeschichtet, daß labyrinthartige Gänge und Höhlungen den Fischen einen Rückzug ermöglichen. Die Beleuchtung ist so gewählt, daß auch das Innere dieser Steinpyramide gut ausgeleuchtet ist. Um den Steinhaufen etwas zu verstecken, bepflanzte ich ihn mit *Anubias*. Die Fische halten sich ausgesprochen viel im Inneren der Konstruktion auf und zogen hier auch viele Jungfische auf.
Ein Aquarianer fragte mich einmal, ob es denn nicht problematisch sei, wenn man nicht wisse, ob und wieviele Fische sich im Aquarium befinden. Ich antwortete, daß ein Aquarium kein Käfig ist, zu dem wir jederzeit den Zugang haben. Vielmehr muß man es den Fischen selber überlassen, ob sie sich zeigen oder nicht. Gerade dieses Konzept ermöglichte mir viele interessante Beobachtungen und Ideen.

Gestalten mit Pflanzen

Den Hintergrund mit hohen und den Vordergrund mit niedrigen Pflanzen bepflanzt, und schon kann man das Becken von zwei Seiten betrachten. Die Wurzeln sind so eingesetzt, daß der hinten hoch aufgeschichtete Bodengrund nicht nach vorne abrutscht. Da die meisten der hier verwendeten Wasserpflanzen schnellwüchsig sind, benötigen sie viel Kohlendioxid.

Nr. 54

Aufnahme: April 1991
Beckengröße: 120 x 100 x 75 cm
Inhalt: 900 l
Einrichtung/Pflege
    Beleuchtung: 20 x 20 W
    Bodengrund: Flußsand
    Dünger: 0,2 ml/l
    Wasserwechsel: einmal pro Woche, 1/3 Becken
Wasserwerte
    Temperatur: 25 °C
    pH-Wert: 7,0
    Gesamthärte (GH): 2 °dH
    Karbonathärte (KH): 2 °dH
    Nitrit (NO_2): 0,1 mg/l
    Nitrat (NO_3): < 10 mg/l
    Kohlendioxid (CO_2): 21 mg/l
    Sauerstoff (O_2): 9 mg/l

Aquarien-Einrichtung

) Dieses Aquarium wurde so angelegt, daß es von zwei Seiten aus betrachtet werden kann. Um zu verhindern, daß der Sand abrutscht und die dynamische Wirkung erhalten bleibt, sind zwei Wurzeln als Stufenstütze im spitzen Winkel eingesetzt.

② Hier dominieren die Stengelpflanzen. Das Ziel war es, die farbliche Wirkung und das Gleichgewicht auch in der Vertikale zu erreichen.

③ In der Mitte zwischen der Wurzel und Hygrophila angustifolia bleibt freier Raum. Davor wird Anubias nana gepflanzt, die den unteren Teil der Stengelpflanzen verdeckt.

Holz kann als Ganzes erscheinen oder teilweise verdeckt werden. In diesem Fall soll es ganz sichtbar bleiben.

② Am einfachsten ist es in einem großen Becken, die Stengelpflanzen von den Seiten und von hinten einzusetzen.

③ Durch Anubias nana und die rote Wasserlilie gewinnt die gesamte Unterwasserlandschaft an Attraktivität.

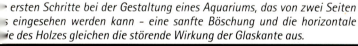

ersten Schritte bei der Gestaltung eines Aquariums, das von zwei Seiten eingesehen werden kann – eine sanfte Böschung und die horizontale ie des Holzes gleichen die störende Wirkung der Glaskante aus.

Ein Schwarm Diskusfische im Urwald

Ein Beispiel für ein Diskus-Becken: Holz und Wasserpflanzen sind so a geordnet, daß auf beiden Seiten lin und rechts Schwimmraum freibleib was dem Bewegungsbedürfnis der Tiere sehr entgegenkommt.

Diskusfische und Pflanzen

Viele Aquarianer versuchen, in ihrem Aquarium einen Dschungel nachzubilden, unabhängig von den Fischen, die sie dort einsetzen. Auch ich möchte, egal ob für Diskus, Arowanas *(Osteoglossum bicirrhosum)* oder die riesigen Arapaimas *(Arapaima gigas)*, in meinem Aquarium immer möglichst viele Wasserpflanzen haben. Tatsächlich ist es praktisch unmöglich Arapaimas im Aquarium zu halten. Aber welcher Fisch verträgt sich am schwierigsten mit Wasserpflanzen? Ich meine, daß dies der Diskusfisch ist.

Das erste Problem, das sich bei der Haltung von Diskusfischen stellt, ist die richtige Wassertemperatur. Sie benötigen etwa 30 °C und Wasserpflanzen etwa 25 °C. Ein weiteres Problem ist die Wasserqualität. Der Diskus bevorzugt einen pH-Wert um 5,0, d.h. den sauren Bereich, Wasserpflanzen hingegen 6,5-7,0, also schwach sauer bis neutral. Wasserpflanzen brauchen viel Licht, und Diskusse meiden es eher. Tagsüber verbergen sie sich hinter Steinen und erst wenn es dunkel ist, sind sie zu Ausflügen bereit. Man merkt: Alle lebenswichtigen Aspekte für Wasserpflanzen sind für den Diskus ungünstig. Wie ist es nun überhaupt möglich, Diskusse unter wasserpflanzengerechten Bedingungen zu halten, zumal sie sich in einem leeren Becken nicht wohlfühlen? Ich überlegte, ob ich es überhaupt einmal wagen sollte. Aber ich hatte ein klares Konzept: „Wenn die Wasserpflanzen in einem Becken gedeihen, fühlen sich auch die Fische wohl." Ein alter Aquarianer bemerkte einmal zum Thema Diskus und Wasserpflanzen: „Wo der Diskus herkommt, muß es auch Wasserpflanzen geben."

Also wagte ich mich an die Einrichtung eines Diskusbeckens: Um ideale Bedingungen für die Fische zu schaffen, muß man saures Wasser mit höherer Temperatur verwenden, das für Wasserpflanzen aber nicht geeignet ist. Wer von beiden, Fisch oder Pflanze, ist nun flexibler? Wahrscheinlich der Diskus. Es dürfte daher kein Problem sein, den pH-Wert ein wenig zu erhöhen. Wasserpflanzen wachsen sicher nicht in zu warmem Wasser, also probierte ich etwas niedrigere Temperaturen. Mal sehen...

Für die Bepflanzung wählte ich *Microsorium pteropus*, *Echinodorus tenellus*, *Fontinalis antipyretica* und *Crinum aquatica*.

Ich begann mit Wasser von 26 °C. Für die Beleuchtung verwendete ich zehn 20-Watt-Röhren. Um eine Wasserverschmutzung zu vermeiden, filterte ich mit dem Fluval 2 und fütterte nur einmal am Tag Rote Mückenlarven und Tubifex. Außerdem führte ich dem Wasser Tag und Nacht Kohlendioxid zu.

Nach immerhin zwei Jahren ist dieses Aquarium noch intakt. Diskusfische, die am Anfang 7-8 cm lang waren, sind jetzt 15 cm groß und zeigen schöne Balzfarben.

Aufnahme: September 1990
Beckengröße: 120 x 100 x 75 cm
Inhalt: 900 l

Einrichtung/Pflege
Beleuchtung: 10 x 20 W
Bodengrund: Flußsand
Dünger: unnötig
Wasserwechsel: einmal pro Woche, 1/2 Becken

Wasserwerte
Temperatur: 26 °C
pH-Wert: 6,8
Gesamthärte (GH): 2 °dH
Karbonathärte (KH): 2 °dH
Nitrit (NO_2): 0,1 mg/l
Nitrat (NO_3): < 20 mg/l
Kohlendioxid (CO_2): 15 mg/l
Sauerstoff (O_2): 6 mg/l

Die Entdeckung der Natur mit dem Objektiv

Ich habe viele Hobbys. Die meiste Zeit verbringe ich aber mit Fotografieren. Ich liebe besonders die Landschaftsfotografie. Aber ich fotografiere nicht nur selber, sondern schaue auch gerne die Fotos anderer an. Mein Bücherregal ist voll von Fotobänden. Jeden Abend vor dem Einschlafen blättere ich in einem davon. Von Hokkaido bis Okinawa habe ich alle schönen Landschaften in meinem Kopf. Ich finde es wichtig, daß ein Fotograf von dem Ort, woher er stammt, die schönsten Jahreszeiten kennt und dann fotografiert. Man begegnet nie exakt der Landschaft, die man von einem Foto kennt. Deswegen sehe ich mir Fotobücher an und es ist sehr interessant, die Fotos der gleichen Landschaft von verschiedenen Fotografen zu sehen. Jedes Bild ist anders, und die Aufnahmen untalentierter Fotografen sehen immer gleich aus.

Die Bilder auf dieser Doppelseite sind Ausschnitte aus der Natur. Zum Beispiel eine Lilie oder eine namenlose Blume am Wegrand. Besonders gern fotografiere ich Gebüsche und Sträucher.

Selbst in den Großstädten gibt es wunderschöne Sträucher und Stauden. Wenn man diese genauer betrachtet, erkennt man ihre schönen Wuchsformen. Durch die Betrachtung der Natur mit „mikroskopischen Auge" (statt sie im Ganzen zu sehen), begegnet man ständig neuen Landschaften im Kleinen.

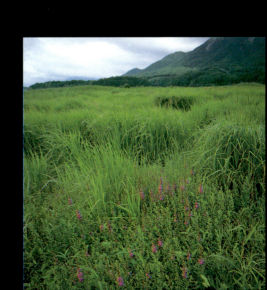

Ewigkeit

In dieses Becken setzte ich besonders viele Pflanzen und es hielt fünf Jahre. Unter den damaligen Arbeiten handelt es sich um eine der Besten, und ich erinnere mich noch heute gerne an die Landschaft in diesem Aquarium.

56

Aufnahme: Oktober 1985
Beckengröße: 180x 100 x 80 cm
Inhalt: 1440 l
Einrichtung/Pflege
Beleuchtung: 8 x 40 W
Bodengrund: Flußsand
Dünger: 0,1 ml/l
Wasserwechsel: alle 10 Tage, 1/3 Becken
Wasserwerte
Temperatur: 26 °C
pH-Wert: 6,8
Gesamthärte (GH): 2 °dH
Karbonathärte (KH): 2 °dH
Nitrit (NO_2): 0,1 mg/l
Nitrat (NO_3): < 10 mg/l
Kohlendioxid (CO_2): 15 mg/l
Sauerstoff (O_2): 6 mg/l

Kreativität und Natur

Jedes Jahr im Herbst kommt Professor Hiroya Kawanabe, Tierökologe an der Universität Kyoto, um in Niigata Vorlesungen zu halten. Frau Nagashima, die Buchhalterin der Universitätsbibliothek, ließ mich immer rechtzeitig wissen, wann der Professor kam. Seit nunmehr 10 Jahren lade ich ihn zu uns nach Hause ein, um mehr über die Ökologie der Fische zu erfahren. Er erklärte mir die komplizierten Zusammenhänge so, daß ich, der niemals Ökologie studiert hat, es gut verstehen konnte. Das Spezialgebiet von Prof. Kawanabe ist die Erforschung des Verhaltens der Fische im afrikanischen Tanganjikasee. Weil hierzu bekannte Zwergcichliden wie *Lamprologus* und *Juli-dochromis* gehören, waren seine Erläuterungen besonders interessant für mich. Ein weiterer Grund ihn einzuladen war natürlich, seine Meinung über meine Aquarien zu erfahren. Als der Professor vor einigen Jahren zu uns kam, war das abgebildete Aquarium vier Jahre alt und in schönstem Zustand. Als er es sah, war er begeistert und fragte mich, ob es schwer sei, ein solches Aquarium in seinem Labor einzurichten. Ich wußte nicht, wie ich antworten sollte. Ich konnte nicht sagen, daß es einfach war, aber ich konnte auch nicht sagen, daß es schwer sei, denn immerhin ist Professor Kawanabe der führende Tierökologe in Japan. Schließlich antwortete ich: „Wenn Sie den gleichen Filter, den gleichen Bodengrund und die gleiche Beleuchtung verwenden, dann ist es eine Frage der Häufigkeit des Wasserwechsels und der Menge des zugeführten Kohlendioxid. Es ist möglich, daß es problemlos funktioniert, wenn Sie in Ihrem Labor den pH-Wert und die Kohlendioxidmenge kontrollieren. Aber das heißt längst nicht, daß die Pflanzen in der optimalen Proportion wie in diesem Aquarium wachsen. Bei der Einrichtung vor vier Jahren habe ich berechnet, wie es einmal aussehen wird. Aber das Wichtigste ist das Gefühl und das durch Erfahrung erworbene Wissen." Der Professor nickte zustimmend: „In der Natur existiert keine derartig schöne Wasserlandschaft. Wahrscheinlich kann nur der Mensch eine derartig beeindruckend schöne und perfekte Szene künstlich erschaffen."

Kinderstube für Diskusfische — Nr. 57

Mit Microsorium bepflanzte Holzstücke rahmen dieses Becken ein. Den Diskus-Wildfängen bleibt so viel freier Schwimmraum. In diesem Aquarium konnte ich erstmals den Grünen Diskus zum Ablaichen bringen.

Aufnahme: Oktober 1986
Beckengröße: 180 x 100 x 80 cm
Inhalt: 1440 l
Einrichtung/Pflege
    Beleuchtung: 8 x 40 W
    Bodengrund: Meersand
    Dünger: unnötig
    Wasserwechsel: einmal pro Woche, 1/2 Becken
Wasserwerte
    Temperatur: 27 °C
    pH-Wert: 6,8
    Gesamthärte (GH): 3 °dH
    Karbonathärte (KH): 3 °dH
    Nitrit (NO_2): 0,1 mg/l
    Nitrat (NO_3): < 20 mg/l
    Kohlendioxid (CO_2): 15 mg/l
    Sauerstoff (O_2): 5 mg/l

Gesundes Aquarium – gesunde Fische

Als ich in meiner Kindheit gemeinsam mit einem Freund begann tropische Fische zu pflegen, gab es noch Dampflokomotiven. Den Klang der Lokomotive im Ohr, brachten wir die Fische in einer Plastiktüte vorsichtig nach Hause. Damals stand im Schaufenster eines jeden Zierfischgeschäfts ein komplett eingerichtetes Aquarium. In einem Fenster stand ein Becken voll mit Wasserpflanzen, in dem Silberarowanas schwammen, ein anderes Geschäft hatte ein Aquarium voller Amazonasschwertpflanzen, in dem Skalare schwammen. Für uns, die wir gerade mit der Pflege tropischer Fische begonnen hatten und noch die Schule besuchten, war das etwas ganz Besonderes und wir träumten davon, irgendwann solche Aquarien selbst einzurichten.

Von den charakteristischen Aquarien aus dieser Zeit möchte ich besonders ein Becken mit den Ausmaßen 120 x 45 x 45 cm beschreiben, in dem eine schön gewachsene Amazonasschwertpflanze mit ca. 100 Blättern stand und eine Gruppe Brauner Diskusfische schwamm.

Jene Diskusfische waren, auch im Vergleich zu den heute gezüchteten bunten Variationen, wunderschön, obwohl sie nur braun waren. Der Besitzer, ein alter Mann, erzählte uns stolz: „Wenn die Wasserpflanzen gut gedeihen, dann sind auch die Fische gesund."

Tanz im Sonnenschein

Dieses Becken wurde speziell zur Pflege Blauer Diskusfische eingerichtet. Der rote Bodengrund und die frischgrünen Anubias barteri passen farblich sehr gut zu den türkisblauen Fischen.

Kindheitstraum
Blauer Diskus

Aufnahme: November 1990
Beckengröße: 180 x 100 x 80 cm
Inhalt: 1440 l
Einrichtung/Pflege
 Beleuchtung: 8 x 40 W
 Bodengrund: Blähton
 Dünger: unnötig
 Wasserwechsel: einmal pro Woche, 1/2 Becken
Wasserwerte
 Temperatur: 27 °C
 pH-Wert: 6,9
 Gesamthärte (GH): 3 °dH
 Karbonathärte (KH): 3 °dH
 Nitrit (NO_2): 0,1 mg/l
 Nitrat (NO_3): < 20 mg/l
 Kohlendioxid (CO_2): 16 mg/l
 Sauerstoff (O_2): 5 mg/l

In Tokyo gibt es gegenüber dem Kishibo-Schrein ein Diskusspezialgeschäft, mit dessen Besitzer Matsukawaya ich seit 20 Jahren befreundet bin. Als ich noch die Schule besuchte, wohnte mein Bruder nicht weit weg von diesem Geschäft und sie trafen sich oft, da beide Goldfischfans waren. Jedes Mal, wenn mein Bruder nach Hause kam, erzählte er, daß es bei Matsukawaya in Tokyo viele Diskusfische gäbe, die er noch nie zuvor gesehen hätte. Ich wünschte mir immer, dort einmal hinzukommen.
Als ich im dritten Schuljahr war, lernte ich Herrn Matsukawaya kennen und er erzählte mir von seinen Diskusfischen. Damals war ein Diskus für mich wie eine unerreichbare Blume auf einem weit entfernten Berggipfel, und die Erzählungen von schön gewachsenen Gitterpflanzen *(Aponogeton madagascariensis)* und Diskusfischen in der Balzfärbung nahmen meine ganze Aufmerksamkeit in Anspruch, so daß die Zeit wie im Fluge verging.
So erfuhr ich, daß es im Amazonas Diskusfische mit blauen Streifen gibt, die sich über den ganzen Körper erstrecken. Diese Variante ist jedoch sehr selten und tritt vielleicht nur bei jedem 10.000sten oder 100.000sten Diskus auf. Damals dachte ich noch, daß es unmöglich sei, an einen solchen Diskus heranzukommen oder ihn gar zu züchten, ja, ich zweifelte sogar an ihrer Existenz. Wer hätte gedacht, daß 20 Jahre später genau diese Diskusfische überall erhältlich sein werden. So ist auf diese Art ein Kindheitstraum in Erfüllung gegangen.

Hügel zwischen den Bäumen

Dieser Entwurf ist so angelegt, daß auf beiden Seiten des Beckens kleine Wäldchen stehen. In der Mitte liegt eine Wiese und ein Cryptocorynenhügel. Besonderen Wert legte ich darauf, die Konturen der Wasserpflanzen zu erhalten. Über dem Hügel schwebt ein Salmlerschwarm.

Nr. 59

Aufnahme: Dezember 1991
Beckengröße: 180 x 100 x 80 cm
Inhalt: 1440 l
Einrichtung/Pflege
    Beleuchtung: 5 x 40 W, 5 x 20 W
    Bodengrund: Flußsand
    Dünger: 0,2 ml/l
    Wasserwechsel: alle 10 Tage, 1/3 Becken
Wasserwerte
    Temperatur: 26 °C
    pH-Wert: 6,8
    Gesamthärte (GH): 3 °dH
    Karbonathärte (KH): 3 °dH
    Nitrit (NO_2): < 0,1 mg/l
    Nitrat (NO_3): < 10 mg/l
    Kohlendioxid (CO_2): 14 mg/l
    Sauerstoff (O_2): 6 mg/l

Vorboten der Katastrophe

Veilchen und Löwenzahn künden uns den Frühling an. Sobald der Schnee geschmolzen ist, grünt und blüht es in den Bergen und auf den Feldern. Abgesehen von einzelnen, besonders seltenen Pflanzen hat sich in den letzten 10 Jahren die Zahl der Pflanzen in den Bergen offenbar nicht verringert. Ich glaube auch nicht, daß der Bestand der Wildvögel und Insekten zurückgegangen ist. Wahrscheinlich bilden die Berge noch eine Art Refugium. Ganz anders verhält es sich in den Ebenen.
Hinter meinem Haus fließt ein kleiner Bach. Es ist noch nicht einmal sieben Jahre her, daß ich hier täglich Futter für meine Fische gekeschert habe. Und noch vor fünf Jahren fing ich hier mit meinen Kinder Kärpflinge und Frösche. Es wimmelte nur so von Bartgrundeln, Japanischen Bitterlingen, Fröschen, Kaulquappen und Kärpflingen. Doch mit der Zeit wurden es immer weniger, und inzwischen sind sie vollkommen verschwunden. Insbesondere in den letzten drei Jahren ging die Zahl der Tiere im Bach rapide zurück. Frösche gibt es überhaupt keine mehr. In der Zwischenzeit hat sich der Bach in eine stinkende Kloake verwandelt. Einer der Gründe dafür, daß das ökologische System dieses Baches zerstört wurde, sind oberhalb eingeleitete Abwässer. In jedem Haushalt werden außerdem zunehmend große Mengen Wasch- und Spülmittel verbraucht. Und nicht zu vergessen der unbedachte Einsatz von Insektenvertilgungsmitteln, die in großen Mengen beispielsweise auf den Reisfeldern ausgebracht werden. Die hieraus resultierenden Schäden für die Umwelt sind in ihrer ganzen Tragweite kaum zu erfassen.
Wir alle sind in Gefahr, direkt und indirekt. Es ist unlogisch zu glauben, daß wir unbeeinflußt bleiben, wenn wir Reis essen, der aus einer Gegend stammt, in der keine Fische und Frösche mehr leben können. Denn es ist der Mensch, der am Ende der Nahrungskette steht.

Dschungel

Einer meiner gelungensten Versuche, die Natur durch Imitation der Natur neu zu erschaffen. Von einem Holzstück im Mittelpunkt ausgehend, schuf ich diese großartige Szene, die die Kraft und Ruhe der Natur atmet. Dieses 3-Tonnen-Aquarium ist mehr als nur eine Kopie der Natur.

Nr. 60

Aufnahme: Oktober 1991
Beckengröße: 180 x 180 x 90 cm
Inhalt: 2900 l
Einrichtung/Pflege
   Beleuchtung: 10 x 40 W
   Bodengrund: Flußsand
   Dünger: unnötig
   Wasserwechsel: alle zwei
   Wochen, 1/3 Becken

Wasserwerte
   Temperatur: 26 °C
   pH-Wert: 6,9
   Gesamthärte (GH): 2 °dH
   Karbonathärte (KH): 1 °dH
   Nitrit (NO_2): 0,1 mg/l
   Nitrat (NO_3): < 10 mg/l
   Kohlendioxid (CO_2): 15 mg/l
   Sauerstoff (O_2): 6 mg/l

Aquarien-Einrichtung

① Man positioniert die Holzstücke (30 und 10 kg) mit der Nylonschnur so, daß sie von allen Seiten gut aussehen.

② Die Holzstücke werden mit Flußsteinen fixiert.

③ Die Steine sollten nicht nur als Stütze eingesetzt werden, sondern auch optisch die Wirkung unterstützen.

④ Wenn sich nach Entfernen der Schnur und beim Wassereinfüllen eine Unstabilität zeigt, mit weiteren Steinen stützen.

⑤ Nun die Pflanzen für den Vordergrund einsetzen. Gerade soviel Wasser einlassen, daß der Sand bedeckt ist.

⑥ Zum Schluß werden die großen Wasserpflanzen für den Hintergrund eingesetzt.

3 Monate

6 Monate

3 Monate

12 Monate

Ein Fischbilderbuch

Als ich noch ein Kind war, verwendeten wir Brennholz zum Kochen und zum Erwärmen des Badewassers. Auch heute kann man in den Dörfern am Fuß der Berge sehen, wie noch Brennholz gehackt wird. Da meine Familie in einem Bauerndorf auf dem flachen Lande lebte, mußten wir vor Anbruch des Winters in das nächste Bergdorf gehen, um Brennholz zu kaufen. Das war die Aufgabe meiner Mutter, aber sie war nicht in der Lage, den Fahrradanhänger ohne Hilfe zu ziehen. Deshalb stützte ich auf dem Hinweg den hinteren Teil des Fahradanhängers, damit sie ihn leichter ziehen konnte. Auf dem Rückweg schob ich den Anhänger, da er durch die schwere Ladung nach hinten kippte.

Eines Tages sagte meine Mutter, daß sie mir als Belohnung für meine Hilfe etwas kaufen wolle. Ich wünschte mir ein Pflanzenbilderbuch. Um dieses Buch zu kaufen, mußten wir mit dem vollbeladenen Fahrradanhänger in die Stadt gehen und ich hoffte nur, daß uns keiner meiner Schulkameraden begegnete. Endlich kamen wir zur Buchhandlung, aber dort gab es nur ein Fischbilderbuch. Da mir keine andere Wahl blieb, kaufte ich dieses Buch. Doch dieser Zufall sollte einen großen Teil meines zukünftigen Lebens bestimmen.

In diesem Fotoband, der leider verloren ging, gab es die schönsten Bilder tropischer Fische, die ich je gesehen hatte. Ich war so glücklich, daß ich beschloß, jede Nacht vor dem Einschlafen einen Fischnamen auswendig zu lernen. Ich lernte nicht nur die Namen, sondern auch die Entdeckungsgeschichte, Eigenschaften und Lebensgewohnheiten. So gibt es einen Fisch namens *Latimeria charumnae*, der seinen Namen Frau Professor Latimer verdankt, die ihn in Madagaskar entdeckt hatte, oder man konnte lesen, daß der Walhai der größte Fisch der Erde ist oder daß der Putzerfisch, der die Schmarotzer von der Haut großer Fische pickt, *Labroides dimidiatus* heißt. Wenn ich damals nur den Namen dieser Fische hörte, dann fielen mir viele Details ein, die ich heute leider schon wieder vergessen habe. Damals wuchs mein Interesse an Fischen, und ich kaufte von meinem Taschengeld alle ereichbaren Bücher zu diesem Thema, die ich bekommen konnte. Das Bilderbuch, das mir meine Mutter damals gekauft hatte, war der Grund, warum dieser Junge, der nie gerne lernte, so viele Bücher freiwillig las.

Heute ist es mein Beruf, Aquarien einzurichten und zu gestalten. Mit jedem Entwurf verbinde ich eine Geschichte. So stelle ich mir vor, wie das Holz, das ich zur Dekoration verwende, als Baum mit grünen Blättern ausgesehen haben mag, dann als toter Baum, später als Bruchstück Regen und Wind ausgesetzt, und nun als Dekorationsholz, auf dem Farne und Moose wachsen.

3 Monate — *3 Monate*
12 Monate — *12 Monate*
12 Monate — *12 Monate*

Sonnenschein über frischem Grün

Eine Szene, die von zwei Seiten betrachten werden kann. Die Pflanzen und der freie Raum eignen sich besonders zur Haltung von Skalaren. Diese zeigen eine wunderschöne Körperfarbe; vielleicht gleicht dieser Wasserpflanzendschungel dem ihrer Heimat.

Nr. 61

Aufnahme: Januar 1990
Beckengröße: 180 × 160 × 90 cm
Inhalt: 2590 l
Einrichtung/Pflege
  Beleuchtung: 9 × 40 W
  Bodengrund: Blähton
  Dünger: 0,1 ml/l
  Wasserwechsel: alle 10 Tage,
  1/3 Becken
Wasserwerte
  Temperatur: 26 °C
  pH-Wert: 6,8
  Gesamthärte (GH): 2°dH
  Karbonathärte (KH): 2 °dH
  Nitrit (NO_2): 0,1 mg/l
  Nitrat (NO_3): < 20 mg/l
  Kohlendioxid (CO_2): 19 mg/l
  Sauerstoff (O_2): 8 mg/l

Vom Helfer zum Schädling

Aus einem mir unbekannten Grund fühlen sich Schnecken in fast jedem Aquarium wohl. Meist werden sie mit Pflanzen eingeschleppt und können dann schnell zur Plage werden. Zu den schneckenfressenden Zierfischen gehören Guramis, Kugelfische, Cichliden, Skalare und *Anomalochchromis thomasi*. Ich setze üblicherweise einen Zwergkrallenfrosch als Schneckenfresser ins Aquarium ein. Zusammen mit Otocinclus, der bevorzugt grüne Algen frißt, und der Yamatonuma-Garnele, die Bartalgen mag, halte ich ihn für ein Muß im Aquarium.

Zierfische und Zwergkrallenfrösche fressen nur kleine Schnecken. Dagegen kann *Anabas testudineus* mit seinem riesigen Maul auch große Schnecken verzehren. So setzte ich einmal fünf Exemplare in ein großes Aquarium. Bereits nach einigen Tagen gab es in diesem Becken keine Schnecken mehr; aber nun wurden die *Anabas* selbst zu einem Problem; denn sie verfolgten die anderen Bewohner des Aquariums und verletzten sie, fraßen ihnen das Futter weg und zogen die Pflanzen heraus. Schließlich verlor ich die Geduld und beschloß, die *Anabas* herauszufangen. Zuerst versuchte ich es mit einem Glas, in das ich Mückenlarven gefüllt hatte, eine Methode, die ich normalerweise im Teich verwende. Doch sie merkten bald, was ich im Schilde führte, und mein Unternehmen war gescheitert. Anschließend versuchte ich sie in der Dunkelheit zu fangen, aber sie flüchteten sofort und versteckten sich zwischen den Pflanzen. Schließlich versuchte ich es mit einer Angel, doch auch das scheiterte.

Also ging ich noch einmal ins Angelgeschäft und fragte, welcher Haken wohl am besten geeignet wäre. Als ich dem Verkäufer erklärte, daß ich *Anabas* angeln wollte, fragte er mich, wohin ich verreisen würde. Als ich ihm sagte, daß ich plane, die Fische aus meinem Aquarium zu angeln, machte er sich über mich lustig und riet mir, mir doch ein Goldfischnetz zu besorgen. Ich erklärte ihm, daß es damit nicht ginge und daß das Aquarium größer als 10 Badewannen und außerdem voll bepflanzt sei. Er verstand. Nach ein paar Stunden zappelten die *Anabas* an der Angel.

Eine Libelle im tiefsten Winter

In einem Aquarium, in dem Wasserpflanzen gut wachsen, findet man oft Libellenlarven. Ich nehme an, daß sie mit Pflanzen eingeschleppt werden. Sie wachsen auch nur in großen Aquarien, wahrscheinlich wegen des notwendigen großen Nahrungsangebots. Ich baute ein Zimmer in meinem Haus zum Treibhaus um und züchtete dort in der warmen Jahreszeit Wasserpflanzen, Zierfische und Frösche. Im Winter diente mir dieser Raum auch als Ankleideraum. In diesem Treibhaus stand ein Aquarium mit den Maßen 240 x 60 x 60 cm. Dort beobachtete ich schon seit dem Herbst eine Libellenlarve. Da es in dem Becken keinen Fisch gab, der Libellenlarven fraß, schien sie sich im Aquarium wie zu Hause zu fühlen. Seit dem Spätherbst hatte ich sie jedoch nicht mehr gesehen und schließlich dachte ich nicht mehr an sie.

Ich werde diesen eiskalten, stürmischen Januarmorgen nie vergessen, an dem ich mein Treibhaus und Ankleidezimmer betrat und plötzlich irgendetwas über meinem Kopf fliegen spürte. Beim genaueren Hinsehen stellte ich fest, daß es sich um eine bernsteinfarbene Libelle handelte, wie ich sie nie zuvor gesehen hatte. Obwohl ich mir vorstellen konnte, daß sie wahrscheinlich mit den afrikanischen Wasserpflanzen zu mir gekommen war, war die Überraschung doch unbeschreiblich. Ich weckte meine Frau und die Kinder auf und rief meine alten Eltern an. Danach berichtete ich meinen Freunden davon. Leider starb die Libelle schon nach drei Tagen, da sie wohl nichts zu fressen fand. Später schlüpften immer wieder einmal Libellen in meinem Aquarium, aber nie wieder sah ich ein bernsteinfarbenes Tier.

L   A   Y

O U T

Das Grundkonzept des Wasserpflanzenlayout

Da Sensibilität und Geschmack eines jeden Menschen anders sind, wage ich nicht zu sagen, welche Bepflanzung oder Pflanzenkombination gut oder schlecht ist. Aber ein noch so künstlerisch und geschmackvoll gestaltetes Aquarium kann sehr unästhetisch aussehen, wenn die Pflanzen nicht wachsen, dafür aber die Algen. Sind hingegen die Wasserpflanzen nicht optimal arrangiert, aber wachsen gut, so entsteht ganz von alleine eine beeindruckende Unterwasserlandschaft. Wenn es denn eine Regel für den Aquarianer geben muß, dann nur die, daß die Pflanzen gesund sein sollten.

Grundsätzlich kann man Aquarien auf zwei verschiedene Arten einrichten.

Die eine Möglichkeit orientiert sich an einer Gestaltung, wie sie für künstlich angelegte Blumenbeete charakteristisch ist. Der andere Weg ist, von der Natur zu lernen und Unterwasserlandschaften nach ihrem Vorbild zu schaffen. Die nach der Blumenbeet-Methode eingerichteten Aquarien werden auch als „Holländische Aquarien" bezeichnet. Hierbei wird versucht, Schönheit durch eine bestimmte Ordnung vieler verschiedener Wasserpflanzen nach ihrer Farbe zu erreichen. Diese Landschaften entfalten eine prächtige, ja brillante Wirkung, da hauptsächlich Stengelpflanzen verwendet werden.

Wenn man andererseits versucht die Natur nachzuahmen, sind viele verschiedene Kombinationsmöglichkeiten und Bepflanzungen denkbar, wie sie auch in der freien Natur exisitieren. Das Wesentliche dieser Methode besteht darin, von der Natur zu lernen und diese in Szene zu setzen.

Ich bin jedoch der Meinung, daß beide Wege grundsätzlich zum gleichen Ergebnis führen können. Eine effektvolle Arbeit, nach welcher Methode sie auch entstanden sein mag, zeigt die Liebe des Aquarianers zu seinen Wasserpflanzen. In der letzten Zeit wurde das Wasserpflanzenlayout sehr populär, so daß inzwischen an vielen Orten Wettbewerbe stattfinden. Dies ist eine sehr erfreuliche Entwicklung, und das Niveau der Arbeiten steigt ständig. Um gute Unterwasserlandschaften zu schaffen, sollte man so oft wie möglich die Naturlandschaften und die verschiedenen Künste wie Gartenarchitektur, Malerei, Fotografie oder Musik kennenlernen und dadurch die eigene Empfänglichkeit sensibilisieren. Glücklicherweise leben wir in einem Land, in dem es noch viel unberührte Natur gibt. In Japan kann man intensiv den Wechsel der Jahreszeiten erleben, und es besitzt sehr verschiedene Landschaften, die sich weit von Norden nach Süden erstrecken. Hier entwickelten die Menschen in hohem Maße ein Gefühl für die Natur und die Sensibilität, diese auch zu spüren. Das findet auch seinen deutlichen Ausdruck in Kunst, Kultur und Lebensstil. Wenn man ein Aquarium einrichten will, sollte man sich ausreichend Zeit nehmen. Wenn man keine Zeit hat, oder nicht in der Stimmung ist, sollte man sich auf keinen Fall zwingen. Die Größe des Aquariums spielt keine Rolle. Sie sollte der finanziellen Situation des Besitzers angemessen sein, denn es ist leicht möglich, daß die Kosten wesentlich höher liegen als zunächst angenommen.

Eine Landschaft wechselt ständig ihr Aussehen, es gibt nicht nur Unterschiede zwischen Regentagen, windigen und sonnigen Tagen, sondern auch innerhalb eines Tages erscheint die Landschaft immer wieder anders, da sich beispielsweise die Richtung der Sonneneinstrahlung ständig verändert. Natur findet man nicht nur an ausgewiesenen und bekannten touristischen Plätzen, sondern überall, auf dem täglichen Weg zur Arbeit und am Wegesrand. Man braucht nur die Augen aufzumachen, um natürliche Schönheit zu entdecken. Das schult die Fähigkeit zur Gestaltung. Ebenso hilfreich ist es, eine Blume am Straßenrand mit dem Macro-Objektiv zu fotografieren, ein grandioses Landschaftsbild mit dem Weitwinkel-Objektiv fotografisch festzuhalten oder die gleiche Landschaft ganz oder ausschnittsweise aus der Entfernung mit dem Teleobjektiv zu fotgrafieren. So werden sogar Naturlandschaften attraktiv, die einem bisher langweilig vorkamen. Es kann auch sehr schön sein, diese Eindrücke in einem Bild malerisch auszudrücken.

Grundprinzipien der Gestaltung

Viele mögen glauben, daß die Komposition von Formen mit Hilfe von mathematischen Formeln schwierig sei und man dies mühevoll aus einem Kunstlehrbuch lernen müsse, insbesondere die Komposition nach den Regeln des Goldenen Schnitts - dabei ist es ganz einfach. Die Anwendung dieses Prinzips findet sich überall im Alltag - so bei der Proportionierung von Zigarettenschachteln, Postkarten, Filmschachteln, oder Zeitschriften, bei denen das Verhältnis von Länge und Breite nicht zufällig ist, sondern so gewählt wurde, daß es optisch ansprechend ist und dem ästhetischen Empfinden des menschlichen Auges gerecht wird. Dieses Verhältnis nennt man den Goldenen Schnitt.

Wenn man beispielsweise einen Stein in ein 120 cm langes Aquarium setzen will, sollte man ihn nicht genau in der Mitte plazieren, sondern ihn vielmehr immer etwas nach rechts oder links setzen. Die schönste Wirkung erzielt man, wenn man den Stein im Verhältnis 1:1,6 zwischen linker und rechter Seite (oder umgekehrt) setzt. Dieses Verhältnis entspricht dem Goldenen Schnitt. Man kann natürlich auch ein falsches Verhältnis nehmen, um bewußt ein Ungleichgewicht oder eine Instabilität zu erreichen, oder man verringert den Maßstab, um eine gewisse Spannung zu erzielen.

Die Grundkomposition

Der Einsatz des freien Raums ist das Fundament aller Kunst, sei es in Malerei, Musik, Fotografie, Gartengestaltung oder in der Architektur. Auch in der Natur, selbst im dichtesten Dschungel, existiert freier Raum. Ich meine nicht zu übertreiben, wenn ich behaupte, daß nicht die Qualität der Wasserpflanzen entscheidend für ein schönes Layout ist, sondern vielmehr der richtige Einsatz des freien Raums. In der Natur ist dieser Raum durch Ökologie und Klima bedingt. Für das Aquarium muß man ihn errechnen.
Üblich sind folgende drei Grundformen der Raumgestaltung:

Das Dreieck

Bei der Dreieckskomposition verwendet man außer dem gleichschenkligen Dreieck alle möglichen anderen Formen des Dreiecks. Diese Form der Komposition ermöglicht eine Betrachtung von allen Seiten, von oben, der Seite oder von vorn. Das hierfür am besten geeignete Aquarium ist im Gegensatz zu den üblichen Becken quadratisch und soll von zwei Seiten betrachtet werden können. Man legt dabei den Boden diagonal an (von oben gesehen, also von vorne nach hinten). An der vorderen Seite dieser Diagonalen setzt man kleine, niedrige Pflanzen ein, und an der hinteren Seite werden große Wasserpflanzen gepflanzt, die eine Art Pflanzenwand bilden. Diese Dreieckskomposition in einem quadratischen Aquarium wirkt sehr dreidimensional und natürlich.

Die Komposition in der Form eines Hügels

Bei dieser Komposition setzt man das Holz und die Wasserpflanzen in die Mitte und läßt ansonsten viel freien Raum. Da es eine einfache Anordnung ist, ist guter Geschmack in Bezug auf die Wahl der Formen besonders wichtig. Holz und Pflanzen sollten nicht genau in der Mitte stehen, sondern etwas nach links oder rechts versetzt werden. Geeignete Aquarienabmessungen für derartige Kompositionen sind 60 x 45 x 30 cm, 90 x 60 x 45 cm und 120 x 60 x 45 cm. Es empfiehlt sich, auch höhere Aquarien für diese Kompositionsform zu verwenden.

Die U-förmige Komposition

In dieser Komposition werden Holz und Steine auf die Seiten gesetzt und der freie Raum entsteht in der Mitte. Gut sieht die Anlage aus, wenn man das Größenverhältnis von der einen zur anderen Seite im Goldenen Schnitt oder auch im Verhältnis 2:1 oder 3:1 hält. Diese Komposition ist relativ einfach und für breitere Aquarien geeignet. Geeignete Maße sind 60 x 36 x 30 cm, 120 x 45 x 45 cm oder 180 x 60 x 60 cm. Die U-förmige Anlage von Aquarieneinrichtungen ist die allgemein und auch in diesem Buch am häufigsten verwendete Form.

Die Verwendung von Holz

Wenn man Wasserläufe aufmerksam betrachtet, wird man auch im kleinsten Bach viele verschiedene kleine Unterwassserlandschaften entdecken. In einem Bergbach liegen besonders viele Holzstücke und Wurzeln. Moose und Farne, die sich darauf angesiedelt haben, zeugen davon, daß es sich bereits sehr lange dort befindet. Man kann sich ausmalen, wie sie hierher gekommen sind und was alles passiert sein mag in den Jahren, während es unterwegs war und dann hier strandete. Die aufmerksame Beobachtung solcher Szenen in der Natur hilft bei der Einrichtung des Aquariums und der Auswahl geeigneter Pflanzen inspiriert das Design und macht zudem Spaß.
Verfaulendes Holz ist für Aquarien nicht geeignet, da es die Wasserqualität negativ beeinflußt. Holz aus Afrika und von den Philippinen ist sehr hart und hat ein hohes spezifisches Gewicht. Deshalb schwimmt und verrottet es nicht. Hölzer verfaulen unter Wasser nur dann nicht, wenn sie aus Kernholz bestehen und schon sehr lange unter Wasser gelegen haben.
Viele Hölzer machen das Wasser im Laufe der Zeit sauer und färben es braun, wenn man nicht regelmäßig einmal pro Woche einen teilweisen Wasserwechsel durchführt, was auch den Pflanzen zugute kommt. Nach der Neueinrichtung eines Aquariums sollte man ohnehin öfter das Wasser wechseln, weil noch nicht genügend Bakterien zur Reinigung des Wassers vorhanden sind. Natürlich kann man zur Verhinderung einer Ansäuerung und Färbung des Wassers das Holz abkochen.

Holzformen

Jedes Holzstück hat seinen eigenen Charakter, keines gleicht dem anderen. Es gibt auch keine allgemeingültige Norm für die Holzauswahl, aber die Größe der einzelnen Stücke sollte zu den Maßen des Aquariums in Proportion stehen. Ein zu großes Holzstück erdrückt die übrigen Gestaltungselemente und wirkt außerdem unschön. Man wählt daher besser ein etwas kleineres Stück aus, was auch Vorteile für den Wasserpflanzenbesatz hat. Ein Holz mit sehr auffälligen oder komplizierten Formen wirkt möglicherweise zu aufdringlich und kann die Wasserlandschaft insgesamt in ihrer ausgewogenen Schönheit beeinträchtigen.
Es gibt zwei Methoden der Gestaltung von Unterwasserlandschaften. Bei der einen wählt man zuerst das Holzstück aus und sucht dann die dazu passenden Pflanzen aus, nach der anderen entscheidet man sich für eine bestimmte Gesamtkomposition - vor allem bezüglich der Wasserpflanzen - und sucht dann das dazu passende Stück Holz. Die erste Methode wenden vor allem Anfänger an, während sich die erfahrenen Aqaurianer mehr für den zweiten Weg entscheiden. Einen Mittelweg gehen diejenigen, die von vornherein nach der Form eines Holzstücks die Gesamtkomposition entwerfen.
Holzstücke, die an eine Seitenwand angelehnt sind oder von oben in das Aquarium hängen, wirken bewegt und dynamisch. Man sollte hier lediglich darauf achten, daß hinter dem Holz genügend Freiraum bleibt, sonst drückt das Holz die gesamte Komposition. Die Gestaltung mit zwei Hölzern, die von beiden Seiten in die Aquarienmitte ragen, ist typisch für eine farbige Komposition. Diese Landschaften erhalten Tiefe durch Farne, die auf den Hölzern angesiedelt werden. Will man ein großes, schweres Holzstück (wie zum Beispiel einen Baumstumpf) verwenden, so sollte man sich für ein möglichst stabiles entscheiden, um einen interessanten Kontrast zwischen ruhiger Stabilität und bewegter Spannung zu erzielen. Einfache, längliche Stücke sind am besten geeignet, Aufschüttungen im Dreieck einzufassen und so zu vermeiden, daß der Sand abrutscht. Mit solchen Hölzern kann man auch eine fließende Dynamik auf dem ebenen Boden darstellen. Die wichtigste Rolle spielen bei dieser Komposition jedoch die Pflanzen.

Die Anordnung von Steinen

Steine lassen sich nach ihrer Herkunft einteilen, beispielsweise in Gebirgsgesteine oder Flußsteine. Die Mineralogen unterscheiden zahlreiche Gesteinsarten wie Granit, Lava, Quarz oder Silikatgestein. Für das Aquarium geeignete Steine finden sich überall in der Natur. Allerdings ist dabei zu beachten, daß bestimmte kalkhaltige Gesteinsarten wie Kalk- oder Muschelgestein den pH-Wert oder die Härte des Wassers verändern können und deshalb möglicherweise nicht für das Aquarium geeignet sind. Steine sind ebenso wie Holz für die Inneneinrichtung eines Aquariums unentbehrlich. Mit verschiedenfarbigen Steinen können interessante Akzente gesetzt werden, schwarzer Flußstein wirkt kalt, braunes versteinertes Holz eher warm.

Man verwendet am besten Steine verschiedener Größe. Der größte Stein wird als Hauptstein gesetzt und es wirkt gut, wenn man die anderen Steine in der Form ungleichschenkliger Dreiecke arrangiert. Wichtig ist auch, einen Hauptstein zu wählen und dann die übrigen kleineren Steine in Größe, Form und Charakter diesem anzupassen.

Durch die Verwendung verschiedener Gesteinsarten wird die Wasserlandschaft zu unordentlich aussehen, durch den Einsatz bunter Steine wirkt die Szene zu unruhig. Der Trick bei der Auswahl der richtigen Steine besteht darin, dezente, stabile und ruhig aussehende Steine auszuwählen. Vorbilder für die Kombination und Positionierung von Steingruppen kann man überall in der Natur beim Wandern finden. Die Steine in der Natur liegen nicht gemäß den Gesetzen der berühmten japanischen Gärten, sondern die berühmtesten Gärtner lernen in der Natur von den Steinen im Tal und in den Wasserfällen.

Holz und Steine im Aquarium

Wenn man Holz und Steine verwendet wie sie sind, bringen diese ein Ungleichgewicht in die Unterwasserlandschaft, da die Wirkung des Holzes und der Steine allein zu stark ist. Daher empfiehlt sich die Dekoration von Holz und Steinen mit Moosen wie Quell- und Javamoos oder mit Farnen wie *Microsorium* und *Bolbitis*. Um Quell- und Javamoos richtig einzusetzen, befestigt man es mit einem schwarzen Baumwollfaden auf dem Holz oder Stein.

Man muß nur darauf achten, daß das Moospolster nicht zu dick wird. Nach ein bis zwei Monaten löst sich der Baumwollfaden auf und es bleibt das inzwischen festgewachsene Moos. Man kann das Moos auch mit der Pinzette in Risse und Spalten des Holzes oder Steins einsetzen. Mit dieser Methode erreicht man den gleichen Effekt, nur dauert es länger, bis es gut angewachsen ist. Um Farne wie *Microsorium* oder *Bolbitis* und Epiphyten unter den Wasserpflanze wie *Anubias,* die gerne auf Stein oder Holz wurzelt, einzusetzen, befestigt man sie vorübergehend mit kunststoffbeschichtetem Draht. Nach 1-2 Monaten sind die Wurzeln festgewachsen, und der Draht kann wieder entfernt werden.

Da *Riccia* eine Schwimmpflanze ist, bleibt sie ni von allein auf dem Holz oder Stein. Deshalb mu sie mittels einer sehr feinen Angelschnur sorgfä tig auf dem Stein oder Holz befestigt werden, i dem man Pflanze und Untergrund mehrmals fes umwickelt. Verwendet man einen Baumwollfaden, so schwimmt die *Riccia* auf, sobald sich der Faden aufgelöst hat. Angelschnur ist auch deswegen geeignet, da sie durchsichtig ist und die umwickelte *Riccia* ausreichend Licht erhält. Trotzdem werden sich Teile der Pflanze lösen ur auftauchen, wenn sie einmal sehr stark gewach sen ist. Wenn das passiert, kann man Kies daraufstreuen. Wenn die *Riccia* lange genug unter Wasser war, verliert sie ihre Schwimmfähigkeit und verwandelt sich zu einer reinen Unterwasserpflanze.

① Zuerst befestigt man mit kunststoffüberzoge nem Draht das Microsorium auf dem Holz.

② Bolbitis wird auf die gleiche Art befestigt.

③ Anschließend wird das Quellmoos (Fontinalis antipyretica) auf dem Holz befestigt, indem man es mit einem schwarzem Faden festbindet.

④ Mit einer Angelschnur wird nun noch Riccia auf den Steinen aufgebunden.

Einsetzen von Wasserpflanzen

Auch bei der Art, die Wasserpflanzen einzusetzen, unterscheiden wir die „Holländische Methode" und die Methode der Naturnachahmung. Die erste folgt der Anlage europäischer Gärten, die Pflanzen stehen symmetrisch und wohl geordnet. Die zweite sucht die Harmonie in der Unordnung, indem man Holz und Steine bewußt ungleichgewichtig positioniert. Das beste Vorbild hierfür ist, wie ich schon wiederholt sagte, die Natur. Wer die Natur genau beobachtet wird überrascht sein, daß es eine Ordnung in der Unordnung zu geben scheint. Die Pflanzen wachsen nach dieser bestimmten Ordnung. Durch Beobachtung der Natur lernt man, die Naturlandschaft im Aquarium zu imitieren.

Gestaltung des Vordergrundes

Nachdem man die Natur genau beobachtet hat, wird man erkannt haben, daß die wichtigsten Pflanzen, die den Rahmen der Landschaft bilden, niedrige Pflanzen, vor allem sogenannte Unkräuter sind. Manchmal sieht man eine Unterwasserlandschaft, die perfekt gestaltet ist, und dennoch fehlt irgendetwas. In einem solchen Aquarium wurde entweder das niedrig wachsende „Unkraut" vernachlässigt oder es wurde unnatürlich gepflanzt. Ich verwende dafür Wasserpflanzen, die nicht zu hoch werden. Besonders geeignet sind *Echinodorus tenellus*, *Sagittaria subulata*, *Glossostigma*, Haargras und *Cryptocoryne minima*, *C. parva* und *C. nevillii*. Für tiefere Aquarien kann man auch höhere Wasserpflanzen verwenden wie *Echinodorus latifolius*, *E. grisebachi*, *Anubias nana* und *Cryptocoryne wendtii*. Interessant wirken auch auf einen Stein gebundene *Riccia* oder Quellmoos.

„Unkraut" und Akzentpflanzen

Die Unterwasserlandschaft wird erst interessant, wenn man höhere Pflanzen mit andersförmigen Blättern zwischen die niedrig wachsenden Pflanzen im Vordergrund setzt oder Echinodorus und Anubias mit ihren breiten Blättern zwischen Stengelpflanzen im Mittel- oder Hintergrund pflanzt. Es versteht sich von selbst, daß in einem 60-cm-Aquarium Pflanzen geringerer Größe zum Einsatz kommen als in einem 180-cm-Becken, und dadurch die Rolle einer Wasserpflanze unterschiedlich sein kann. Wenn man beispielsweise die sehr niedrigen Wasserpflanzen wie *Glossostigma* in einem 60-cm-Aquarium als „Unkraut" einsetzt, so kann man Wasserpflanzen wie Haargras und *Echinodorus tenellus*, die normalerweise als Bodendecker eingesetzt werden, als akzentuierende Hauptpflanze verwenden (vgl. Aquarium Nr. 5). Werden in sehr tiefen Becken *Echinodorus latifolius* oder *E. grisebachi* als „Unkraut" verwendet, sollte man einige sehr hohe Akzentpflanzen einsetzen, sonst wirken diese nicht. Somit läßt sich nicht ohne weiteres sagen, welche Wasserpflanze als Akzent- oder als Hauptpflanze geeignet ist. In jedem Fall sollte man aber vermeiden Stengelpflanzen im Vordergrund zu verwenden, da ihr unterer Teil in der Regel unschön ist und verdeckt werden muß. Pflanzen wie Perlgras oder *Didiplis*, die schon am untersten Teil der Stengel Blätter haben, sind eine Ausnahme. Man kann s auch in einer Gruppe pflanzen, die dann einen interessanten Akzent bildet. *Cryptcorynen*, *Echinodorus*, *Crinum* und *Anubias* eignen sich zudem hervorragend als solitäre Akzentpflanzen im Aquarium.

Gestaltung des Hintergrundes

Der Hintergrund ist extrem wichtig, um eine Tiefenwirkung zu erzielen. Es ist fast ein Dogma, im Vordergrund niedrig wachsende Pflanzen zu setzen, dahinter freien Raum zu lassen und den Hintergrund dicht zu bepflanzen und damit ein natürliches Aussehen anzustreben. Dieses Modell wird am häufigsten verwendet. Für den Hintergrund setzt man hauptsächlich Stengelpflanzen ein, in seltene Ausnahmen Vallisnerien und *Aponogeton*.
Nun gibt es unter den Stengelpflanzen viele verschiedene Arten. Besonders häufig verwendet werden Perlgras, *Mayaca*, *Althernantera reinecki*, *Rotala macrandra* und *R. indica*, breitblättrige *Hygrophila*, *Hygrophila polysperma*, *Ludwigia* und *Hygrophila angustifolia*. Der Charme der Stengelpflanzen besteht darin, daß jede von ihnen eine eigentümliche Farbe und Blattform besitzt, und gesund wachsende Blätter entsprechen den Blüten der Landpflanzen. Man erzielt sogar eine bessere Wirkung, wenn man mehrere Stengelpflanzen mit verschiedenen Blattformen und Farben zusammen in einer Gruppe pflanzt. In einem Aquarium mit optimaler Licht- und Kohlendioxidversorgung werden die Farben der rotfarbigen Stengelpflanzen so kräftig, daß sie tatsächlich wie tiefrote Blüten aussehen. Rote Stengelpflanzen werden vor allem verwendet, um einen Kontrast zum Grün der anderen Wasserpflanzen zu schaffen, jedoch verliert die Unterwasserlandschaft an Wirkung, wenn man zu viele davon nimmt.

Bis jetzt schrieb ich über Grundprinzipien der G staltung mit Wasserpflanzen. Eigentlich gibt es aber keine Regeln, und es ist am besten, wenn der Gestalter seinem Gefühl und Geschmack folgt. Für das Einsetzen der Pflanzen gilt das Gleiche. Mit langjähriger Erfahrung spürt man, welche Stengelpflanze für den Hintergrund bei einer bestimmten Vordergrundbepflanzung paß Interessanterweise gibt es eine Art Konkurrenz zwischen Pflanzen. *Echinodorus tenellus* und *E grisebachi* passen nicht zusammen, während si Quellmoos und *Microsorium* gut miteinander ve tragen. Es gibt aber auch Pflanzen, die mit alle anderen gut auskommen.

Das Werkzeug

Wichtige Instrumente für das Pflanzen und Trimmen der Wasserpflanzen sind Pinzetten, Scheren und Spatel. Diese sind bei meiner Arbeit absolut unentbehrlich. Nicht alle Pinzetten und Scheren sind gleich geeignet. Medizinische Instrumente sind teuer, aber ihr Geld wert, da sie perfekt funktionieren. Stahlpinzetten sind billig, doch sie verletzen Stengel und Wurzeln, wenn man sie damit greift, da sie nicht für weiche Wasserpflanzen gemacht sind. Auch ziehen sie oft die Pflanze wieder aus dem Bodengrund, wenn man die Pinzette zurückziehen will. Eine gute Pinzette muß drei Bedingungen erfüllen: die beiden Spitzen sollten wirklich spitz sein und sich genau treffen und man sollte mit den Fingerspitzen gut fühlen können, mit wieviel Kraft man auf die Pflanze drückt. Außerdem sollte sie auch unter Wasser leicht zu handhaben sein. Pinzetten sind besonders wichtig für die Bepflanzung von Aquarien unter 60 cm Seitenlänge.

Bei Scheren sollte darauf geachtet werden, daß sie scharfe Klingen haben, damit die Gewebezellen der Pflanzen nicht mehr als nötig verletzt werden. Lange schmale Scheren eignen sind am besten für die Arbeit unter Wasser.

Für das Glätten des Bodengrundes braucht man kein besonderes Instrument. Ich benutze einen Spatel, um Bodenunebenheiten auszugleichen oder Löcher zu füllen, die beim Ausziehen oder Trimmen von Pflanzen entstanden sind.

Werkzeuge mit langen Griffen benutzt man, um große Pflanzen einzusetzen, oder um Pflanzen bei der Arbeit am Boden zu halten. Diese Instrumente werden natürlich auch bei der Pflege der Pflanzen verwendet. Ich kann ihren Einsatz nur empfehlen.

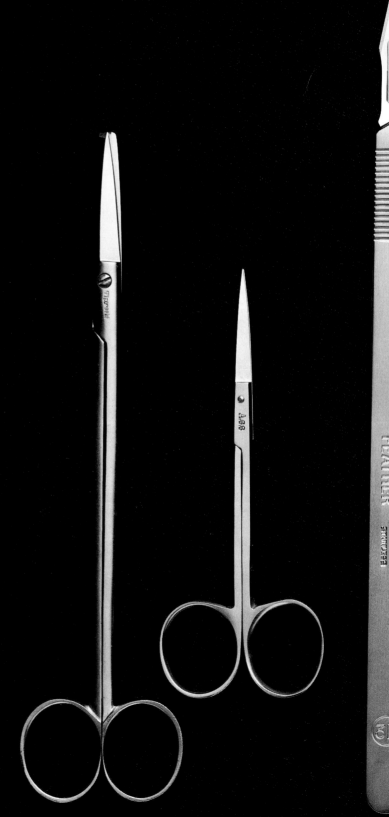

Die Materialien

Steine sind wichtige Elemente, die den Charakter einer Unterwasserlandschaft stark beeinflussen, egal ob sie nach der Natur oder nach den strengen Gesetzen des japanischen Gartens geschaffen werden soll. Steine entscheiden darüber, ob eine Komposition schön ist oder nicht.

Heute stehen dem Aquarianer viele verschiedene Steinsorten aus mehreren Ländern zur Verfügung. Besonderes schön ist versteinertes Holz, das aus Amerika und Malaysia stammt. Seine Farbe ist die von hellem Holz und wirkt im Pflanzengrün sehr frisch. Es eignet sich daher optimal für Unterwasserlandschaften, die nach dem Vorbild japanischer Gärten angelegt werden sollen. Man sollte sich nicht von der Form eines einzelnen Steins beirren lassen, sondern einfach mehrere von ihnen miteinander kombinieren. Selbst wenn einer der Steine nicht so schön aussieht, so kann er gemeinsam mit anderen in der Gesamtkomposition sehr gut wirken. Manche Steine wirken je nach Form am besten aufrecht, andere liegend, manche wiederum kommen am schönsten schräg stehend zur Geltung. Insbesondere Steine von auffälliger Form oder Farbe setzt man am besten schräg oder entgegengesetzt zur Richtung der übrigen Gestaltungselemente.

Der wichtigste Aspekt bei der Anordnung von Steinen ist die Bestimmung des Akzents oder des Schwerpunkts. Setzt man beispielsweise den Hauptstein in die Mitte des Aquariums, so spaltet man damit möglicherweise die Unterwasserlandschaft in zwei Teile. Man sollte auf folgendes besonders achten: Steine gleicher Größe und Höhe dürfen nicht nebeneinandergesetzt werden. Andererseits sollten Steine unterschiedlicher Farbe und Herkunft nicht zusammen verwendet werden. Generell ist bei der Gestaltung mit Steinen auf den Charakter des jeweiligen Steins zu achten und dieser dementsprechend in das Gesamtkonzept einzusetzen. Es bedarf einer gewissen Erfahrung, bis man Steine, Sand und Wasserpflanzen so anordnet, daß eine interessante Szenerie entsteht.

WASSERPFLA

NZEN - PFLEGE

Pflege von Wasserpflanzen

In diesem Kapitel möchte ich beschreiben, wie man Wasserpflanzen gesund erhält. Wichtig ist, daß es grundsätzliche Unterschiede zwischen der Pflege von Wasser- und Landpflanzen gibt. Landpflanzen, selbst wenn sie in Töpfe gepflanzt sind, werden individuell gepflegt und haben den Vorteil, daß sie ohne unser Zutun das Kohlendioxid der Atmosphäre für die Photosynthese nutzen können. Im Gegensatz dazu muß man im Aquarium erst ein ausgewogenes ökologisches Gleichgewicht schaffen, damit Pflanzen und Fische dort existieren können. Dazu muß insbesondere die Selbstreinigungskraft des Wasser und die Kohlendioxidversorgung, die in der Natur Regen und Wind erledigen, im Aquarium künstlich gesichert sein.

Dies ist auch der Hauptunterschied zu der überholten Auffassung von Aquaristik, bei der die Fische im Mittelpunkt standen und Wasserpflanzen als bloße Dekoration benutzt wurden.

K O N Z E

Unter Lichteinwirkung nehmen Pflanzen Kohlendioxid und Wasser auf und geben Sauerstoff ab. Dabei wird mit Hilfe der Lichtenergie Kohlendioxid und Wasser in energiereiche Zuckerverbindungen umgewandelt. Dieser Vorgang wird als Photosynthese bezeichnet. Schon im Biologieunterricht haben wir gelernt, daß die Photosynthese der Pflanzen die Grundlage allen Lebens auf der Erde ist.

Pflanzen werden in ihrer natürlichen Umgebung in der Regel ständig ausreichend mit Kohlendioxid versorgt. Das gilt auch für Seen, wo zudem bestimmte Fäulnisbakterien Kohlendioxid produzieren.

Im Aquarium hingegen ist die von den Fischen ausgeatmete Menge an Kohlendioxid zu gering, um eine dauerhafte Versorgung der Pflanzen mit CO_2 zu gewährleisten. Das zur Verfügung stehende Kohlendioxid wird im Zuge der Photosynthese aufgebraucht. In der Folge steigt der pH-Wert und das Wasser wird alkalisch, was den Pflanzen nicht sehr zuträglich ist. In dieser Situation ist es erforderlich, eine Anlage zur künstlichen Versorgung mit Kohlendioxid zu installieren. Hierfür gibt es inzwischen zahlreiche Geräte von verschiedenen Herstellern. Für das Aquarium braucht man fast gezwungenermaßen ein Gerät zur kontrollierten CO_2-Versorgung, sonst würde im Aquarienwasser permanent CO_2-Mangel herrschen.

Wenn Aquarienpflanzen trotz CO_2-Zugabe nicht gedeihen, bedeutet dies entweder, daß die Beleuchtung zu schwach ist oder die zugeführte Kohlendioxidmenge nicht ausreicht. Um herauszufinden, ob die Photosynthese in ausreichendem Umfang stattfindet, sollte man darauf achten, ob etwa zwei Stunden nach der ersten Zugabe von Kohlendioxid kleine Bläschen auf den Blättern der Wasserpflanzen erscheinen. Wenn selbst bei starker Kohlendioxidzugabe keine Blasen erscheinen, ist entweder die Beleuchtung zu schwach oder der Filter arbeitet fehlerhaft. Gleiches passiert bei zuviel Licht und zu wenig CO_2.

Durch Messung des pH-Werts kann man indirekt auf die im Wasser gelöste Menge an Kohlendioxid schließen. Bei Zugabe von Kohlendioxid sinkt der pH-Wert, und das Wasser gerät in den sauren Bereich. Wenn der Kohlendioxidgehalt stark sinkt, steigt der pH-Wert hingegen und das Wasser wird alkalisch. Allerdings sollte man sich nicht zu sehr auf die Gleichung pH = CO_2 verlassen, denn bei einem eingefahrenen Aquarium ist der pH-Wert infolge der Aktivität von Bakterien, die Ammonium oxidieren und Nitrat produzieren, niedriger. In diesem Fall muß zwar kein CO_2 zugegeben werden, aber wenn der niedrige pH-Wert seine Ursache in einem hohen Nitratgehalt hat, so sollte dieser durch Wasserwechsel unverzüglich gesenkt werden. Vor allem in der Einfahrphase eines Aquariums muß relativ viel Kohlendioxid zugegeben werden.

Aber dies ist auch dann nicht erforderlich, wenn von Anfang an Bakterien vorhanden sind und eine ausreichende Menge an geeigneten Wasserpflanzen vorhanden ist. In diesem Fall wird der Kohlendioxidgehalt allein durch das, was von den Bakterien produziert wird, ausgeglichen. Um den CO_2-Verbrauch der Pflanzen festzustellen, sollte man den pH-Wert am Morgen und am Abend vergleichen. Morgens, bevor das Licht eingeschaltet wird, sollte der pH-Wert sehr niedrig sein, da die Pflanzen während der Nacht Sauerstoff verbraucht und Kohlendioxid abgegeben haben. Vor dem Abschalten des Lichts am Abend sollte der pH-Wert hingegen hoch sein, da die Pflanzen im Lauf der Photosynthese tagsüber CO_2 verbrauchen und Sauerstoff produzieren. Wenn der Unterschied der beiden gemessenen pH-Werte groß ist, so kann man daraus schließen, daß der Umsatz der Wasserpflanzen hoch ist und diese gesund sind.

Der Grund dafür, daß der pH-Wert tagsüber trotz CO_2-Zugabe kaum sinkt, liegt an dem eben beschriebenen Prozess der Photosynthese. Der optimale pH-Wert für Wasserpflanzen liegt bei 6,8, aber auch 7,5 ist am Tage noch kein Problem. Man kann notfalls Kaliumpermanganat beigeben, um den pH-Wert etwas anzuheben, doch man sollte in keinem Fall mit chemischen Mitteln versuchen, den pH-Wert zu senken.

P T & C O₂

Filter

Es gibt verschiedene Wasserfiltertypen mit unterschiedlichen Funktionen, wie den Innenfilter, der im Aquarium arbeitet, oder den Bodenfilter, der im Boden installiert wird und bei dem vor allem das Bodensubstrat als Filtermaterial wirkt. Hinzu kommen Außenfilter, die in Wasserhöhe von außen an die Scheibe gehängt werden und Topffilter, die sich ebenfalls außerhalb des Aquariums befinden, aber auch darunter oder gar weiter entfernt arbeiten können. Jeder Filter ist für Fische geeignet. Aber wenn man Fische und Pflanzen miteinander pflegen will, sollte man bezüglich der Filterfunktion vor allem an die Wasserpflanzen denken. Denn in einem Aquarium mit gesunden Wasserpflanzen fühlen sich auch die anderen Lebewesen wie Fische oder Bakterien wohl. Die Gründe dafür sind, daß die Pflanzen:

- durch die Photosynthese den für Lebewesen lebensnotwendigen Sauerstoff liefern;
- das giftige Ammonium und den Stickstoff, den die anderen Lebewesen ausscheiden, als Dünger verarbeiten;
- das Wasser filtern.

Die Pflege von Wasserpflanzen unterscheidet sich in einigen Punkten grundsätzlich von der Landpflanzenkultur, insbesondere sind anzuführen:
- Wasserpflanzen werden vom Wasser gestützt und sind daher nicht verholzt;
- für die Pflege von Wasserpflanzen ist künstliches Licht erforderlich;
- der Kohlendioxidhaushalt des Wassers muß berücksichtigt werden.

Ein Filter muß diesen drei Umständen gerecht werden. Wasserpflanzen leben in der Natur in einem nährstoffarmen Milieu. Im Aquarium werden die Nährstoffe durch Futterreste und die Ausscheidungen, insbesondere der Fische, sehr stark angereichert, was den einfacheren Pflanzen entgegenkommt und deren Wachstum extrem beschleunigt, höher entwickelte Wasserpflanzen sterben unter diesen Umständen jedoch rasch ab.
Es ist technisch nicht möglich, Aquarienwasser allein durch Filterung optimal sauber zu halten. Vielmehr muß ein Teil des Wassers, auch bei Einsatz großer und wirksamer Filter, regelmäßig gewechselt werden. Je kleiner der Filter ist, desto schneller verschmutzt das Wasser und muß wieder ausgetauscht werden. Bei schlecht gefiltertem Wasser infolge zu geringer Leistung oder Effektivität des Filters steigt die Gefahr vermehrten Algenwuchses und von Krankheiten. Deshalb braucht man für ein Wasserpflanzenaquarium einen möglichst großen Filter mit hoher Leistungsfähigkeit.
Zur Beleuchtung empfehle ich Neonröhren, die so angeordnet sind, daß sie die gesamte Aquarienoberfläche abdecken. Sind nur eine oder wenige Neonröhren über dem Aquarium angebracht, so fällt das Licht nur aus einem bestimmten Winkel ein, und die tieferstehenden Blätter oder Pflanzen erhalten zu wenig Licht und sterben im Laufe der Zeit ab.
Man kann soviel Kohlensäure zugeben wie man will, wenn der Filter mit Luft betrieben oder das Wasser an der Oberfläche sehr stark bewegt wird. Auf diese Art wird das flüchtige Kohlendioxid sofort wieder ausgetrieben und kommt den Pflanzen nicht zugute. Dies liegt daran, daß sich Kohlendioxid wesentlich leichter in Luft als in Wasser löst. Im Wasser lösen sich Kohlendioxidblasen zwar auch, aber sehr langsam, und in der Regel werden sie auf dem Weg zur Wasseroberfläche kleiner, doch erst in der Luft lösen sie sich ganz auf. In der Luft hingegen löst sich Kohlendioxid etwa 70 mal leichter als im Wasser, deshalb sollte das kohlendioxidhaltige Wasser möglichst wenig mit Luft in Berührung kommen. Luftbetriebene Filter eignen sich also gut für ein Fischbecken, aber nicht für ein Wasserpflanzenaquarium. Am besten eignen sich verschlossene Topffilter für das Pflanzenbecken, da während der Filtertätigkeit kein Kohlendioxid entweichen kann. Aber natürlich macht es keinen Sinn, einen Topffilter zu verwenden, und dann das Wasser in einem Strahl durch die Luft ins Becken zu spritzen. Das Wasser muß unbedingt durch ein Zuflußrohr unter Wasser in das Becken eingeleitet werden. Man kann auch einen Topffilter und einen Bodengrundfilter kombinieren und das Wasser durch den Boden absaugen oder zuführen. Allerdings hat dieses Verfahren folgende Nachteile:
- man kann keinen Bodendünger verwenden;
- das verschmutzte Filtermaterial (der Bodengrund) kann nicht gereinigt werden;
- die Pflanzenwurzeln verstopfen im Laufe der Zeit den Boden und verringern die Leistungsfähigkeit des Bodenfilters.

Bei Bodenfilterung wachsen die Pflanzen anfangs sehr gut, da das Wasser und somit auch der Sauerstoff die Wurzeln erreicht und der Temperaturunterschied zwischen Wasser und Boden verringert wird. Leider gehen diese Vorteile im Laufe der Zeit verloren, und je älter das Aquarium wird, desto schwieriger wird es sein, einen optimalen Zustand aufrecht zu erhalten. Deshalb ist diese Filterung am ehesten für ein Schauaquarium geeignet, das nur kurze Zeit steht, aber nicht für jemanden, der ein Wasserpflanzenaquarium über Jahre erfolgreich erhalten und genießen will.
Zum Schluß sei noch erwähnt, daß man grundsätzlich zwischen mechanischer und biologischer Filterung unterscheiden muß. Beide Filterungsarten haben Vor- und Nachteile, so daß man in der Regel beide kombiniert. Bei der Neueinrichtung eines Aquariums sind nitratabbauende Bakterien (Nitrobacter), die für die biologische Filterung wichtig sind, noch nicht in ausreichender Menge auf dem Filtermaterial vorhanden. Deshalb muß man mechanische Filter einsetzen, die z.B. mit Aktivkohle arbeiten. Man verwendet jedoch neben der Aktivkohle auch grobe Filtermaterialien in den unteren Schichten des Filters, weniger um grobe Stoffe herauszufiltern als vielmehr um den Nitrobactern ausreichend Raum zur Ansiedlung zu bieten und so die spätere, rein biologische Filterung vorzubereiten. Die Aktivkohle im Filter verliert nach 1-2 Wochen ihre Absorptionsfähigkeit. In dieser Zeit wachsen die Mikroorganismen auch bereits auf der anfangs vor allem mechanisch wirkenden Aktivkohle. Der Unterschied zwischen mechanischer und biologischer Filterung besteht vor allem in den unterschiedlichen Filtermaterialien. Diese in der Einfahrphase eines Aquariums zu wechseln ist gefährlich, weil auf der Aktivkohle bereits viele nützliche Bakterien gewachsen sind und im biologischen Filtermaterial anfangs noch nicht genug Nitrobacter vorhanden sind, um die organischen Schadsubstanzen im ga

zen Aquarium ausreichend zu verarbeiten. Wenn man in diesem Zeitraum die Aktivkohle gegen neues biologisches Filtermaterial austauscht, reichern sich die von den Fischen produzierten Stoffe wie Ammoniak oder Stickstoff im Aquarienwasser möglicherweise in gefährlichen Konzentrationen an, die das Algenwachstum beschleunigen und die Fische sogar töten können. Das anfangs besonders empfindliche ökologische System im Aquarium wird so gefährdet oder gar zerstört. Aus diesem Grund ist es sehr wichtig, vom anfangs kombinierten Filtersystem (mechanisch und biologisch), zum richtigen Zeitpunkt zu einem rein biologischen überzugehen oder die Filtersysteme schrittweise auszutauschen. Grundsätzlich ist es unproblematisch, die Aktivkohle, die ursprünglich rein mechanisch filterte, als Filtersubstrat für die biologische Filterung zu verwenden, nachdem sie ihre Absorptionsfähigkeit verloren hat. Allerdings wird die Aktivkohle relativ schnell verstopft, wodurch die Filteroberfläche für die Bakterienrasen erheblich verringert wird und deshalb oft gereinigt werden muß. Deshalb geht man zu einem anderen Filtermaterial über, das nicht zu grob und nicht zu fein ist und auf dem sich Mikroorganismen langfristig optimal ansiedeln können. Dafür gibt es keinen exakten Termin und die Entscheidung ist nicht einfach. Geeignete Zeitpunkte sind entweder, wenn der Filter zum ersten oder zweiten Mal gereinigt werden muß, d.h. wenn der Filter verstopft ist. Wichtig bei dem biologischen Filtermaterial im unteren Teil des Filters ist, daß es so schmutzig, d.h. mit Bakterien besetzt ist, daß möglichst viele weitere Mikroorganismen wachsen können. Deshalb sollte dieses Filtersubstrat im unteren Teil des Filters niemals gereinigt werden.

Die biologische Filterung

Der Zustand eines Aquarium wird in erster Linie durch die Kapazität der biologischen Filterung bestimmt. Die Mikroorganismen spielen hierbei eine außerordentlich wichtige Rolle. In optimalem Zustand ist das Wasser klar und es wachsen keine Algen. Man kann sogar kranke Fische einsetzen und heilen oder veralgte Wasserpflanzen einsetzen und so die Algen entfernen. Die Mikroorganismen in diesem Aquarium vernichten die Krankheitserreger ebenso wie die Algen.

Auch in einem Aquarium mit leistungsfähiger biologischer Filterung, in dem die Bakterien, insbesondere Nitrobacter, effizient arbeiten, müssen die übrigen, weniger gefährlichen, aber doch noch schädlichen Schadstoffe, die von den Bakterien nicht abgebaut werden, durch regelmäßigen Wasserwechsel aus dem Aquarium entfernt werden. Derzeit gibt es meines Wissens noch keinen zuverlässigen Filter, der das gesamte Nitrat restlos aus dem Wasser entfernt.

T E R

Die Beleuchtung

Sonnenlicht ist für alle Lebewesen unentbehrlich (für einige wenige allerdings nur oder vor allem in indirekter Form). In einem geschlossenen System ist es nicht möglich, Sonnenlicht in kontrollierbarer Form anzubieten. Eine häufige Ursache für übermäßigen Algenwuchs ist zu viel direktes Sonnenlicht, das das Aquarium erreicht, wenn es zu nahe an Fenstern aufgestellt wird. Deswegen ist es besser, ein Aquarium in einem Raum ohne (direktes) Sonnenlicht aufzustellen und ausschließlich künstliches Licht zu verwenden. Für die Gesundheit und das Aussehen der Fische sind bestimmte Teile des Lichtspektrums, auch UV-Licht, wichtig. Für die Schönheit der Wasserpflanzen spielt das UV-Licht hingegen keine Rolle. Wasserpflanzen, die nur unter künstlichem Licht wachsen, sind wesentlich schöner als Pflanzen, die im natürlichen Sonnenlicht aufgezogen wurden.

Unter allen künstlichen Lichtquellen eignet sich Neonlicht (Neon, HQL, HQI etc.) am besten, da es in vielen schönen und geeigneten Farben erhältlich, und zudem ökonomisch und praktisch ist. Wieviel Watt man für die richtige Beleuchtung braucht, hängt von der Menge des verfügbaren Kohlendioxids (CO_2) ab. Wenn das Licht im Verhältnis zum verfügbaren CO_2 zu stark ist, schädigt es die Wasserpflanzen. Ist der CO_2 - Anteil im Wasser zu hoch, so kann es nicht nur die Wasserpflanzen, sondern auch die Tiere schädigen, da die Photosynthese nicht optimal funktioniert und das Kohlendioxid sich deshalb im Wasser anreichert. Auch wenn grundsätzlich Licht und Kohlendioxid mengenmäßig aufeinander abgestimmt sind, so ist der Verbrauch je nach Wassertemperatur und Wasserpflanzenarten unterschiedlich. Sogenannte positive Wasserpflanzen, benötigen direktes Licht und verbrauchen einem hellen, die Negativpflanzen an einem dunkleren Standort eingesetzt werden.

Zu beachten ist zudem, daß sich die Lichtmenge einer Neonröhre nach einem halben Jahr bis zu 50% reduzieren kann, was zur Folge hat, daß anfangs die Stengelpflanzen gut wachsen, aber nach einigen Monaten zugunsten der breitblättrigen Pflanzen schwächer werden. Wenn man die Neonröhre innerhalb eines Jahres nicht austauscht, werden die Negativpflanzen die Positivpflanzen verdrängen. Dies ist ein interessantes Phänomen im Ökosystem Aquarium, das man beobachten kann, wenn das Becken längere Zeit in Betrieb ist.

BELEUCHTUNG

wesentlich mehr Kohlendioxid. Negative Pflanzen kommen mit weniger Licht aus und können auch im Schatten gedeihen. So gehören z.B. breitblättrige *Anubias,* Cryptocorynen oder *Microsorium* zu den Negativpflanzen, die auch unter schwachem Licht relativ problemlos gepflegt werden können, nicht zuletzt deshalb, weil sie auch stärkeres Licht gut vertragen. Schmalblättrige oder rötliche Stengelpflanzen wie *Cabomba* oder *Ludwigia* benötigen viel Licht und verbrauchen entsprechend viel Kohlendioxid. Wenn man *Anubias* oder Cryptocorynen (Positivpflanzen) einerseits und *Cabomba* oder Ludwigien (Negativpflanzen) andererseits in ein 60-cm-Becken setzt, so genügt den Positivpflanzen bereits eine 20-Watt-Neonröhre und eine einmalige Füllung des CO_2-Reaktors oder Diffusors pro Tag. Für gutes Wachstum von Positivpflanzen sind hingegen drei 20-Watt-Neonröhren und alle fünf Sekunden eine CO_2-Blase erforderlich. Für Wasserpflanzen stellt es in der Regel kein großes Problem dar, wenn sie mehr Licht bekommen. Aber sie wachsen nicht, wenn es zu dunkel ist, d. h. bei dem eben genannten Becken gedeihen *Anubias* und Cryptocorynen auch bei den für die Positivpflanzen idealen Bedingungen von drei 20-Watt-Neonröhren und ständiger CO_2-Zufuhr. Umgekehrt hingegen können *Cabomba* oder Ludwigien unter nur einer 20-Watt-Neonröhre unabhängig von der CO_2-Menge nicht gedeihen. Sie verlieren ihre Blätter, ihre Farbe und gehen langsam ein.

Wenn man diesen Zusammenhang beachtet, so kann man also beide Pflanzentypen in einem Aquarium pflegen. Allerdings muß die erhöhte Licht- und Kohlendioxiddosis geboten sein und die Positivpflanzen müssen an

Der Bodengrund

Der Bodengrund spielt eine nahezu ebenso wichtige Rolle für die meisten submersen Wasserpflanzen wie die Erde für emerse Landpflanzen. Heute wird eine Vielzahl verschiedener Sandsorten verwendet, wie Meeressand aus verschiedenen Ländern, Flußsand, Lavasand, Keramiksand usw. Voraussetzungen eines jeden Substrats, das als Bodengrund im Aquarium in Frage kommt, sind:

1. Es darf keine Korallen- oder Muschelteile enthalten, denn diese bestehen vor allem aus Kalzium, das sich in Wasser löst, den pH-Wert (alkalisch) und die Wasserhärte erhöht.
2. Es darf keine Stoffe enthalten, die die Wasserqualität verändern.
3. Der pH-Wert sollte neutral oder schwach sauer sein, denn die Wurzeln der Pflanzen bevorzugen meist pH-Werte zwischen 6,8 -7,0. In saurem oder alkalischem Bodengrund verfaulen die Wurzeln und das Wachstum wird eingeschränkt.
4. Die optimale Korngröße liegt zwischen 3-10 mm. Gröberer Sand (Kiesel) erdrückt die Pflanzenwurzeln, bei kleinerer Körnung erhalten die Wurzeln zu wenig Sauerstoff und Nährstoffe.
5. Es ist durchlässig für Wasser. Gartenerde oder Lehm verhindern beispielsweise die Wasserzirkulation im Boden und haben die gleiche Wirkung wie zu feiner Sand.
6. Die Oberfläche darf nicht zu rauh sein. Bestimmte Sandsorten oder Lavasplit haben scharfe Kanten, die Pflanzenwurzeln verletzen können. Grundsätzlich kann man jedes Material als Bodengrund verwenden,

können, benötigen sie eine Bodengrundtiefe von mindestens 6 cm. Am besten ist es, den Bodengrund in drei Schichten anzulegen, denn heute werden die meisten Aquarien mit Pflanzen aller drei Typen bepflanzt. In nahezu jedem Aquarium sind Pflanzen des Typs 3 vorhanden, wie z. B. die niedrigen Vordergrundpflanzen. Ich schlage daher vor, verschiedene Kiessorten zu mischen um langfristig gute Ergebnisse zu erzielen.

Für die Pflanzen des Typs 3 verwendet man für die unterste Schicht eine Kieskörnung von 5-10 mm Durchmesser, mischt ihn mit Sand der gleichen Korngröße und fügt Dünger hinzu. Wenn man Bodendünger nur in die unterste Schicht einbringt, so löst er sich nicht im Wasser und eine übermäßige Algenentwicklung wird so verhindert. Nach dem Einfüllen streicht man diese etwa 3 cm dicke Schicht mit einem Geo-Dreieck oder einem ähnlichen Gerät gleichmäßig glatt. Es ist wichtig, alle drei Schichten in etwa gleichmäßig anzulegen.

Die zweite Schicht sollte etwa 2 cm stark sein, mit einer Kieskörnung von 5-7 mm und ebenfalls mit Sand derselben Körnung gemischt werden. Nachdem man auch diese Schicht planiert hat, füllt man Kies von der Körnung 5 mm ohne Beimischung mit einer Schichtstärke von ca. 2 cm ein. Der Sand verhindert ein Verklumpen des Kies und erhöht die Durchlässigkeit, ist aber so rauh, daß er an der Oberfläche Wurzeln und Stengel beschädigen könnte. Deshalb verzichtet man auf ihn in der obersten Schicht. Steht kein Sand zur Verfügung, so kann man auch normalen Aquarienkies derselben Körnung verwenden.

BODENGRUND

solange es die oben genannten Bedingungen erfüllt. Wenn man allerdings eine natürlich aussehende Landschaft schaffen will, so sind Glas oder farbige Keramik weniger geeignet.

Bei der Auswahl des Bodengrundes sind in erster Linie die Bedürfnisse der Pflanzen zu berücksichtigen. Bezüglich der Wurzeln lassen sich drei Pflanzentypen unterscheiden:

- *Anubias, Bolbitis* oder *Microsorium*, die nicht im Boden wurzeln, sondern auf Steinen oder Holz;
- Knollenpflanzen, wie *Aponogeton* oder *Nymphaea* und Stengelpflanzen wie *Hygrophyla* oder *Rotala*, die nur an der Bodenoberfläche wurzeln;
- *Crinum, Cryptocorynen* oder *Echinodorus*, die so tief wie möglich ihre Wurzeln treiben.

Je nach diesen Eigenschaften ändern sich die Anforderungen an den Bodengrund. Für die unter 1 aufgeführten Pflanzen ist überhaupt kein Bodengrund erforderlich. Für die Wasserpflanzen des zweiten Typs ist ein Bodengrund unbedingt erforderlich, damit sie auch mit den Wurzeln Nährstoffe aufnehmen können. Allerdings kann er flach und auch etwas feiner sein. Die in Punkt 3 genannten Wasserpflanzen nehmen in erster Linie mit den Wurzeln die Nährstoffe auf und benötigen gröberen, durchlässigen, aber nährstoffreichen Bodengrund. Damit beispielsweise die Ausläufer von *Echinodorus tenellus* oder die Ableger von *Cryptocoryne wendtii* dicht wachsen

Bevor man das Wasser einfüllt, sollte man einen großen Teller auf den Bodengrund stellen und das Wasser langsam einlaufen lassen, damit die Schichtung nicht durcheinandergewirbelt wird.

Düngung

Unverzichtbare Voraussetzung für eine erfolgreiche Wasserpflanzenpflege sind Licht, Wasser, Kohlendioxid und Dünger. Es gibt zwei verschiedene Arten von Dünger: den festen Bodendünger, der dem Bodengrund beigemischt wird und den Flüssigdünger, der regelmäßig ins Wasser gegeben wird. Beide haben Vor- und Nachteile. Festdünger ist besonders für Pflanzen des Typs 3 (vgl. Kapitel „Der Bodengrund") geeignet, die ihn über die Wurzeln aufnehmen. Der Nachteil dieser Düngerform besteht darin, daß er nur schwer zu dosieren ist und bei einer Überdüngung das Algenwachstum gefördert wird. In diesem Fall kann der Dünger nicht mehr entnommen werden, es sei denn, man entfernt den ganzen Bodengrund. Flüssigdünger wird über die submersen Blätter aufgenommen. Wenn Algen auftreten, läßt sich dieses Problem leicht durch Wasserwechsel beseitigen. Ich empfehle den kombinierten Einsatz beider Düngerarten. Wenn das Wasser überdüngt ist, muß es anfangs öfter gewechselt werden; damit kann auch überflüssiger fester Dünger, der sich aus den oberen Sandschichten gelöst hat, entfernt werden. Obwohl viele Aquarianer Flüssigdünger einsetzen, gehen sie selten richtig damit um. In der Gebrauchsanweisung findet man zwar Angaben zur Dosierung, doch handelt es sich hierbei nur um sehr grobe Richtlinien und die tatsächlich erforderliche Menge hängt von Art, Zustand, Zahl und Größe des Wasserpflanzenbestandes ab. Haben Sie schon einmal auf dem Fischfutter gelesen: Soundsoviel Gramm Futter auf soundsoviel Liter Aquariumwasser? Wohl kaum. In der Regel weiß und sieht der Aquarianer in etwa, wieviel Futter seine Fische brauchen. Wenn Fische krank sind oder die Wassertemperatur niedrig ist, weiß der Aquarianer, daß die Fische kaum fressen. Niemand wird Fische stark füttern, die nicht fressen wollen, weil dies leicht zu erkennen ist. Anders ist dies bei den Wasserpflanzen. Man kann nämlich nicht so leicht sehen, ob sie gerade viel oder wenig Dünger brauchen. Ein häufiger Irrtum ist zu glauben, daß Wasserpflanzen nicht wachsen, weil sie zu wenig Dünger haben. Zuviel Dünger kann den Pflanzen ebenfalls schaden und fördert zudem den Algenwuchs.
Um herauszufinden, in welchem Zustand sich die Wasserpflanzen befinden, sollte man folgende Dinge im Auge behalten: Den Unterschied des pH-Werts vor Abschalten und Einschalten des Lichts, die Stellung der Blätter, ob sie glänzen, ob die Pflanzen treiben, ob Algen wachsen usw. Wenn alles problemlos funktioniert, kann man die auf der Anleitung angegebene Menge Flüssigdünger zugeben. Sollten die frischen Triebe und Blätter stark wachsen aber hell werden, so bedeutet dies in der Regel, daß Dünger fehlt.

Pflege und Wasserwechsel

Der Wasserwechsel ist die lästigste Arbeit und Pflicht des Aquarianers. Unterläßt man ihn, bedeutet dies Algen, Krankheiten oder gar den Tod für manche Fische.
Häufigkeit und Menge ist beim Wasserwechsel nicht immer gleich. Man sollte aber mindestens 2-3 mal monatlich einen Teil des Wassers wechseln. Manche meinen, daß ihre Fische aufgrund eines Wasserwechsels eingegangen sind. Man sollte auf keinen Fall gleichzeitig Wasser wechseln und den Filter reinigen, denn beide entziehen dem Ökosystem Aquarium einen großen Teil der lebensnotwendigen Mikroorganismen, was eine chemische Veränderung des Wasser, insbesondere des pH-Werts, zur Folge hat, die für die Fische ein tödlicher Schock sein kann. Ideal wären häufige Wasserwechsel in kleinen Mengen. So wird eine drastische Veränderung des pH-Werts und eine Reduzierung der Bakterien verhindert. Außerdem sollte man im Winter nicht die gleiche Menge Wasser austauschen wie im Sommer, da sich Chlor in kaltem Wasser leichter löst als in warmem. Im Winter ist das Wasser also wesentlich chlorhaltiger als im Sommer. Es empfiehlt sich deshalb bei einem regelmäßigen Wechsel im Sommer die Hälfte des Wassers, im Winter in kürzeren Abständen nur ein Viertel des Wasser zu wechseln.

Insbesondere auf die Pflanzen hat der Wasserwechsel eine besonders positive Wirkung: er regt den Stoffwechsel an und fördert das Wachstum. Leitungswasser enthält Kohlendioxid und andere, für die Pflanzen wichtige Stoffe. Auch gegen Algenwuchs ist der Wechsel mit gutem Frischwasser sehr wirksam.

D Ü N G U N G

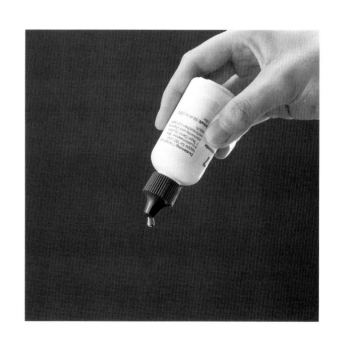

Pflege im Sommer und Winter

Die heiße Jahreszeit ist für viele Lebewesen unangenehm. Für viele Menschen ist der Sommer strapaziös, und viele vernachlässigen im Sommer ihr Aquarium. Da die Wasserpflanzen wegen der Hitze ohnehin schon geschwächt sind, bekommen sie ohne Pflege im Sommer und im Herbst keine frischen Triebe und gehen ein. Die ideale Wassertemperatur für Wasserpflanzen liegt nach meiner Erfahrung bei ca. 28 °C Celsius. Sie können für kurze Zeit auch Temperaturen von 31-32 °C tolerieren. Wenn man sich keine Kühlanlage leistet, sollte man die hohen sommerlichen Temperaturen schon bei der Aufstellung des Aquariums einplanen und einen kühlen Platz wählen, der zudem gut zu lüften ist. Man kann mit Hilfe eines Ventilators die Temperatur um 2-3 °C senken, notfalls sogar Eisbeutel oder Eiswürfel einsetzen.

Die beste Methode gegen Hitze ist ein 70-80 %iger Wasserwechsel. Glücklicherweise löst sich im Sommer nur wenig Chlor im Wasser, was die Gefahr einer Chlorvergiftung durch starken Wasserwechsel verringert. Im Sommer wachsen die Pflanzen kaum und deswegen darf bei hohen Wassertemperaturen auch nicht gedüngt werden. Die Pflanzen erleiden durch den Düngermangel keinen Schaden, denn Dünger ist schlichtweg überflüssig.

Im Winter sind die Wasserpflanzen am schönsten. Als Heizung eignet sich am ehesten ein Regelheizer. Man achte darauf, daß der Heizer nicht zu schwach ist, da er dann ständig an seiner Kapazitätsgrenze arbeiten muß. Dies ist die häufigste Ursache für Schäden an Regelheizern.

Der gewöhnliche Stabheizer erwärmt den Boden nicht, was das Wurzelwachstum beschränkt. In jedem Fall sollte man unter den Aquarienböden

& PFLEGE

zwischen Glas und Unterschrank Styropor als Wärmeisolierung einbringen. Als Heizung sind eine schwache Bodenheizung und ein Regelstabheizer ideal. Eine Bodenheizung allein kann bei niedrigen Außentemperaturen die Wurzeln der Wasserpflanzen verbrennen. Die beste Methode ist, die Zimmertemperatur ständig relativ konstant zu halten, im Winter mit der Heizung, im Sommer mit Hilfe der Klimaanlage.

Bei großer Kälte im Winter ist es besser, auf den Wasserwechsel zu verzichten, da das kalte Wasser wie bereits gesagt sehr viel Chlor enthält. Zudem kann im Boiler erhitztes Wasser Schwermetalle enthalten. Deshalb gilt hier ganz besonders die Regel, kleine Mengen kalten oder im Eimer langsam erwärmten Wassers zu wechseln und vor dem Einfüllen durch Belüften das Chlor auszutreiben.

Algenwuchs und seine Ursachen

Übermäßiger Algenwuchs kann alle Bemühungen in Bezug auf Aquarienpflanzen zunichte machen. Von jeher kämpfen Aquarianer gegen Algen und viele haben dieses schöne Hobby deshalb schon aufgegeben.

Es gibt viele Algenarten und die Ursachen für ihre übermäßige Entwicklung sind ebenso vielfältig. Fadenalgen, Pinselalgen und Schmieralgen gehören zu den häufigsten Arten im Aquarium.

Kieselalgen entstehen häufig in frisch eingerichteten Becken und überziehen die Scheiben, den Boden, Holz und Pflanzen mit einem braunen Schleier. Man kann sie relativ einfach mit algenfressenden Fischen wie *Otocinclus*, *Ancistrus*, Saugschmerlen oder Siamesischen Rüsselbarben bekämpfen. Am besten eignet sich *Otocinclus*. *Ancistrus* und Saugschmerlen werden sehr groß und sind deshalb für ein kleines Aquarium kaum geeignet, außerdem können sie die Blätter der Pflanzen beschädigen.

Fadenalgen wachsen, wie ihr Name schon sagt, in langen Fäden an Holz, Steinen, Filterrohren und alten Blättern. Sie können grau oder schwarz und an stark beleuchteten Stellen auch grün sein. Sie wachsen besonders stark bei hohem Nitratgehalt des Wassers infolge geringen Wasserwechsels oder bei starkem Licht und CO_2-Mangel. Man bekämpft sie, indem man diese Mängel beseitigt und Yamatonuma-Garnelen *(Caridina japonica)* einsetzt, die diese gerne fressen.

Pinselalgen sind den Grünalgen sehr ähnlich, nur dicker, und bei genauerer Betrachtung wirken sie mit ihren Ablegern, wie Korallen. Sie wachsen vor allem in älteren Aquarien auf *Anubias* oder *Crinum*. Ursache für ihr Wachstum ist ein Mißverhältnis zwischen Licht und Kohlendioxid und, wie bei Fadenalgen, zuviel Nitrat. Wenn sie größer sind, werden sie von den Garnelen verschmäht. Deswegen sollten die Garnelen schon vor dem Auftreten von Pinselalgen eingesetzt werden. Diese Algenart wächst langsam und ist in einem Pflanzenaquarium besonders unschön. Die einfachste Methode ist, die Algenbüschel beim Wasserwechsel mit dem Fingernagel zu entfernen und mit dem Schlauch abzusaugen.

Blaualgen sind dunkelgrün und überziehen den Boden oder die Blätter von Wasserpflanzen. Sie vermehren sich besonders in alkalischem Wasser, bei noch nicht eingefahrenen Filtern und zuviel Licht. Beim Wasserwechsel können sie einfach mit abgesaugt werden, aber leider wachsen sie sehr schnell nach. Sie verschwinden, sobald das Aquarium gut eingefahren ist. Man kann sie notfalls auch wirksam mit Algenbekämpfungsmitteln oder einer Malachitgrün-Lösung bekämpfen.

Es gibt noch viele andere Algenarten. Die meisten entstehen, wenn zuviel Nitrat im Wasser ist, das Becken mit Fischen überbesetzt, der Filter verschmutzt oder überlastet ist, ein Ungleichgewicht zwischen Kohlendioxid und Licht besteht, oder das Wasser nicht regelmäßig in ausreichender Menge gewechselt wird.

Hier einige vorbeugende Maßnahmen gegen übermäßiges Algenwachstum:

1. Bei der Neueinrichtung eines Aquarium dürfen die Fische erst eingesetzt werden, wenn die Pflanzen angewachsen sind und anfangen, neue Blätter zu treiben.
2. Das Wasser muß sofort gewechselt werden, wenn sich Bodengrunddünger im Wasser gelöst hat.
3. Der Filter sollte möglichst groß sein. Das Verhältnis von Filterkohle und biologischem Filtermaterial sollte 1:3 betragen. Das Filtermaterial sollte zumindest teilweise aus einem eingefahrenen Filter stammen und ausreichend mit Bakterien besetzt sein.
4. Wegen der geringen Bakterienzahl im neuen Aquarium steigt der pH-Wert, den man durch CO_2-Zufuhr senken sollte. Niemals dürfen hierfür Chemikalien verwendet werden.
5. Bei der Neueinrichtung sollte die Wassertemperatur bei 22-23 °C liegen.
6. Flüssigdünger sollte dem Wasser erst zugefügt werden, wenn die Pflanzen eingewachsen sind.
7. Bei neuen Filtern sollte man das Wasser mindestens einmal pro Woche wechseln, da die Bakterien noch nicht voll aktiv sind und deshalb die mechanische Filterung über die Aktivkohle unterstützt werden muß.
8. Am Anfang sollten möglichst viele schnellwachsende Stengelpflanzen eingesetzt werden, da sie dem Wasser viel von dem Nährstoffüberangebot entziehen.
9. Von Anfang an sollten zur Algenprophylaxe Algenfresser wie Otocinclus oder Garnelen eingesetzt werden.

SCHÄDLINGE &

Ein weiteres Problem ist das massenhafte Auftreten von Schnecken. Ihre Eier werden meist mit neuen Wasserpflanzen eingeschleppt. Schnecken finden sich besonders häufig in Wasserpflanzenaquarien, in denen normalerweise das Wasser häufig gewechselt wird, und man kann sie mit dem Schlauch absaugen, wird damit aber niemals alle entfernen können.

Eifrige Schneckenfresser sind, vorausgesetzt sie werden nicht ausreichend gefüttert, der Afrikanische Schmetterlingsbuntbarsch *(Anomalochromis thomasi)*, Anabantiden, südamerikanische Kugelfische oder der Zwergkrallenfrosch.

Egel und Hydren werden auch bisweilen durch Wasserpflanzen ins Aquarium eingeschleppt. Der Zwergkrallenfrosch frißt sie besonders gerne. Deshalb sollte man ihn neben Garnelen und *Otocinclus* ebenfalls im Pflanzenaquarium halten.

Trimmen von Wasserpflanzen

Wenn Wasserpflanzen gesund sind, wachsen sie schnell, und das Aquarium ist bald zugewachsen. Deswegen müssen sie regelmäßig beschnitten und ausgelichtet werden. Stengelpflanzen sollten so gekürzt oder entfernt werden, daß die Gesamtkomposition der Pflanzen im Gleichgewicht bleibt. Am besten verwendet man hierfür eine gut schneidende lange Schere. Aus einem abgeschnittenen Stengel wachsen normalerweise 2-3 neue Triebe, so daß die Pflanzen nach mehrmaligem Stutzen häufig wie ein auf dem Stiel stehender Besen aussehen. Zudem verholzen sie mit zunehmendem Alter, brechen leicht und treiben kaum mehr aus. Spätestens dann sollten sie ganz gegen einen ihrer oberen Triebe ausgetauscht werden. Die Ausläufer von *Echinodorus tenellus*, *Glossostigma*, Sagitarien und Valisnerien sollten entfernt werden, wenn sie sich zu stark ausbreiten, sonst ersticken die Wurzeln. Sagitarien und Valisnerien können sehr umfangreich werden, aber da sie hoch sind, wachsen sie nicht übereinander, so daß man nur manchmal die älteren Pflanzen entfernen sollte. Hingegen wachsen die niedrige *Echinodorus tenellus* oder *Glossostigma* übereinander, so daß man regelmäßig auslichten muß, damit sie nicht mehrere Schichten übereinander bilden und die unteren Pflanzen ersticken.

Die Ausläufer, insbesondere an der Frontscheibe, sollten in einem Abstand von 5-7 cm zur Scheibe mit dem Skalpell oder der Schere abgeschnitten und entfernt werden. Javamoos und *Microsorium* sowie andere Pflanzen, die auf Holz und Steinen wachsen, schneidet man zu, so daß sie im Gleichgewicht mit den anderen Pflanzen stehen. Wenn sich Javamoos eingewöhnt hat, wächst es sehr schnell und man kann es kräftig zurückschneiden, weil es nach kurzer Zeit wieder so aussieht wie zuvor. Mit der Schere lassen sich auch schöne Formen aus dem Javamoos herausschneiden.

Anubias wächst langsam und stört selten die Harmonie der Unterwasserlandschaft. Man sollte sie zuschneiden, sobald einige Blätter zu groß geworden, mit Algen bewachsen oder durchlöchert sind. *Anubias* scheint besonders von Algen geschätzt zu werden, denn oft überwuchern sie ein ganzes Blatt. Solche Blätter sollten unverzüglich entfernt werden, und bald wachsen neue nach.

Microsorium oder *Bolbitis* wachsen so schnell, daß sie bald das Gesamtbild stören, wenn man sie nicht rechtzeitig zurückschneidet. Deshalb sollte man ständig die älteren Blätter entfernen. *Microsorium* vermehrt sich über Adventivsprossen an den Unterseiten der Blätter. Diese sollten entfernt werden, jedoch ohne die Mutterpflanze dabei zu verletzen, da die Jungpflanzen am Blatt nicht besonders schön aussehen.

Knollenpflanzen wie *Nymphaea* oder *Aponogeton* haben Wachstums- und Ruhephasen. In ersteren wachsen sie sehr stark, während der Ruhezeit stoppt das Wachstum ganz und die Blätter fangen an zu faulen. Sie verschmutzen das Wasser stark und verstopfen den Filter. Deswegen müssen sie schnell entfernt werden. Großwüchsige Knollenpflanzen wie *Nymphaea* treiben neben den submersen Blättern auch Schwimmblätter, die das Aquarium stark beschatten können und deswegen entfernt werden sollten.

Krankheiten der Wasserpflanzen

Obwohl es zahlreiche Krankheiten gibt, kommt es bei Waserpflanzen wesentlich seltener vor als bei Landpflanzen, daß Erreger sich gefährlich stark ausbreiten. Der Grund hierfür liegt darin, daß das Wasser in der Regel sauberer als die Luft ist und externe Bakterien in das geschlossene Aquarium seltener eindringen können.

Folgende Symptome sind zu beachten:
Der Stengel wird schwarz und brüchig. Auf Blättern von *Microsorium* erscheinen schwarze Flecken, die sich rasch ausbreiten. Die Blätter von *Anubias* werden durchsichtig und lösen sich auf. Blätter und Stiele von Cryptocorynen lösen sich in kurzer Zeit auf. Diese sogenannte Cryptocorynenkrankheit kommt häufig vor, ist aber keine Krankheit im eigentlichen Sinne, vielmehr liegt die Ursache dafür in Schocks infolge einer drastischen Veränderung der Umwelt wie starker Wechsel des pH-Werts, CO_2-Überschuß, Lichtveränderung, Änderung der Wasserqualität, z.B. durch zu starken Wasserwechsel. Meist wächst aber eine Cryptocoryne, die sich schnell aufgelöst hat, bald wieder gesund nach.

Microsorium reagiert empfindlich auf Medikamente. Wasserpflanzen vertragen auch schlecht zu großen Fischbesatz, verschmutzte Filter, saures Wasser infolge eines zu hohen Nitratwertes oder wenn sich Futterreste auf ihren Blättern sammeln.

KRANKHEITEN

Wasserpflanzen werden fast nie krank, wenn man folgendes beachtet:
Bei sehr hohen Wassertemperaturen regelmäßig das Wasser wechseln; Einsatz möglichst großer Filter; geringe Anzahl von Fischen; Einsatz von Garnelen, die überflüssiges Futter fressen.

Sollte doch einmal eine Pflanzenkrankheit ausbrechen, können die kranken Pflanzen umgesetzt und die kranken Pflanzenteile weggeschnitten werden.

Bepflanzung und Fischbesatz der abgebildeten Aquarien

Referenzliste, wissenschaftliche Namen

Aquarium Nr.	Pflanzen	Fische
1	*Hemianthus micranthemoides, Riccia fluitans, Eleocharis acicularis, Microsorium pteropus, Eusteralis verticillata, Mayaca, Ludwigia arcuata*	*Rasbora urophthalma, Neocaridina* spec.
2	*Riccia fluitans, Rotala wallichii, Hemianthus micranthemoides, Eleocharis acicularis, Microsorium pteropus*	*Hemmigrammus hyanuary, Crossocheilus siamensis, Neocaridina* spec.
3	*Glossostigma elatinoides, Hemianthus micranthemoides, Riccia fluitans, Eleocharis acicularis, Blyxa, Ludwigia arcuata, Rotala wallichii, Lysimachia nummularia*	*Aplocheilichthys normani, Neocaridina* spec.
4	*Riccia fluitans, Hemianthus micranthemoides, Blyxa, Ludwigia arcuata, Alternanthera reineckii, Microsorium pteropus, Glossostigma elatinoides*	*Poecilia reticulata, Epiplaty anulatus, Neocaridina* spec.
5	*Glossostigma elatinoides, Eleocharis acicularis, Echinodorus tenellus, Hemianthus micranthemoides*	*Hyphessobrycon amandae, Carnegiella marthae, Aplocheilichthys normani, Otocinclus, Neocaridina* spec.
6	*Riccia fluitans, Eleocharis acicularis, Eusteralis verticillata, Hemianthus micranthemoides, Hygrophila angustifolia, Glossostigma elatinoides. Echinodorus tenellus, Ludwigia arcuata*	*Iriatherina werneri, Otocinclus, Caridina japonica*
7	*Rotala wallichii, R. indica, Anubias barteri, Saururus, R. macrandra, Ananaspflanze, Mayaca, Riccia fluitans, Didiplis, Eleocharis acicularis, Hetheranthera, Cryptocoryne tonkinensis, Aponogeton ulvaceus, A. longifolius,* Nadelblatt-*Ludwigia, Barclaya, Hemianthus micranthemoides*	*Hyphessobrycon bentosi rosaceus, Puntius titteya, Hemmigrammus erythrozonus, Colisa lalia, Otocinclus, Caridina japonica*
8	*Microsorium pteropus, Glossostigma elatinoides, Eleocharis acicularis, Blyxa, Fontinalis, Eusteralis verticillatao, Rotala wallichii*	*Aplocheilichthys normani*
9	*Proserpinaca pectinata, Rotala indica, R. wallichii, Ludwigia grandiosa, Mayaca, Eichhornia diversifolia, Hygrophila angustifolia, Glossostigma elatinoides, Eleocharis acicularis, Echinodorus tenellus*	*Boehlkia fredcochui, Otocinclus,* Grüne Garnele
10	Eichhornia, *Rotala rotundifolia, Sagittaria* spec., *Lysimachia nummularia, Bacopa, Rotala wallichii, Mayaca, Eleocharis acicularis, Echinodorus tenellus, Hygrophila polysperma*	*Ladigesia roloffi, Otocinclus, Caridina japonica*
11	*Riccia fluitans, Hemianthus micranthemoides, Heteranthera, Rotala macrandra. Ludwigia grandiosa, Barclaya* (rot)	*Thoracocharax stellatus, Inpaichthys kerri, Otocinclus, Neocaridina* spec.
12	*Rotala macrandra, R. wallichii, Ludwigia arcuata, Didiplis, Hemianthus micranthemoides, Heteranthera, Mayaca, Hygrophila polysperma, Lysimachia nummularia, Eleocharis acicularis, Echinodorus tenellus, Glossostigma elatinoides*	*Carnegiella marthae, Hyphessobrycon amandae, Aplocheilichthys normani, Iriatherina werneri, Otocinclus, Caridina japonica*
13	*Riccia fluitans, Eleocharis acicularis*	*Hemmigrammus hyanuary*
14	*Eusteralis verticillata, Hydrilla verticillata, Microsorium pteropus, Eleocharis acicularis, Riccia fluitans, Fontinalis antipyretica, Glossostigma elatinoides*	*Hemmigrammus hyanuary, Otocinclus, Caridina japonica*
15	*Barclaya* (rot), *Nymphaea lotus* (rot, grün), *Hemianthus micranthemoides, Lilaeopsis novae zelandiae*	*Colisa lalia, Rasbora heteromorpha, Otocinclus, Caridina japonica*
16	*Hygrophila angustifolia, Rotala macrandra, Hygrophila, Bolbitis, Fontinalis antipyretica, Anubias lanceolata, A. barteri, Cryptocoryne petchii, C. affinis, C. wendtii* (rot)	*Hemmigrammus rodwayi, Caridina japonica*
17	*Cryptocoryne blassii, C. tonkinensis, C. wendtii, C. costata, C. retrospiralis, Hygrophila, Eleocharis acicularis, Sagittaria pygmaea*	*Rasbora urophtalma, Otocinclus, Caridina japonica*
18	*Eusteralis yatabeana, Hygrophila polysperma, Hemianthus micranthemoides, Cryptocoryne wendtii, Rotala rotundifolia, Mayaca, Ludwigia, Nymphaea stellata, Riccia fluitans, Proserpinaca pectinata*	*Hemmigrammus hyanuary, Nannostomus trifasciatus, Otocinclus, Caridina japonica*
19	*Ceratophyllum demersum, Hydrilla verticillata, Potamogeton malaianus, Vallisneria gigantea, Reineckia carnea, Utricularia vulgaris, Nuphar subintegrinum, Bacopa rotundifolia*	*Acheilognathus tabira, Rhodeus atremius, Caridina japonica, Otocinclus*
20	*Mayaca, Ludwigia arcuata, Heteranthera, Didiplis, Rotala macrandra, Hemianthus micranthemoides, Lysimachia nummularia, Cryptocoryne pontederiifolia, Nymphaea stellata, Riccia fluitans, Cryptocoryne tonkinensis, Echinodorus tenellus, Proserpinaca pectinata*	*Megalamphodus sweglesi, Neocaridina* spec.

Aquarium Nr.	Pflanzen	Fische
21	*Rotala macrandra, Hygrophila polysperma, Anubias barteri* var. *barteri, A. gracilis, A. angustifolia, Microsorium pteropus, Hygrophila difformis, Echinodorus tenellus*	*Moenkhausia pittieri, Megalamphodus megalopterus, Otocinclus, Caridina japonica*
22	*Eusteralis yatabeana, Reineckia carnea, Fontinalis antipyretica, Eleocharis acicularis, Riccia fluitans*	*Rhodeus ocellatus, Otocinclus, Caridina japonica*
23	*Hygrophila angustifolia, Rotala macrandra, Anubias lanceolata, Microsorium pteropus, Bolbitis, Saururus, Ananaspflanze, Cryptocoryne pontederiifolia, Eleocharis acicularis, Echinodorus tenellus*	*Aplocheilichthys normani, Sphaerichthys osphromendoides, Otocinclus, Caridina japonica*
24	*Sagittaria natans, Fontinalis antipyretica, Echinodorus tenellus*	*Botia macracantha, Vesicatrus tegatus, Otocinclus, Caridina japonica*
25	*Ottelia alismoides, Ludwigia ovalis, Eusteralis verticillata, Najas oguraensis, Eusteralis yatabeana, Hygrophila lancea, Eleocharis acicularis*	*Oryzias latipes, Gnatopogon elongatus elongatus, Acheilognathus lanceolata, Rhodeus ocellatus*
26	*Rotala indica, R. wallichii, Cabomba australis, Mayaca, Hemianthus micranthemoides, Bacopa, Barclaya* (rot), *Hygrophila difformis, Hygrophila polysperma, Lilaeopsis novae zelandia*	*Megalamphodus sweglesi, Hemmigrammus hyanuary, Threeline pencil, Otocinclus, Caridina japonica*
27	*Lagenandra ovata, Hygrophila polysperma, Rotala macrandra, Largeleaf Hygrophila, Ammannia senegalensis, Nadelblatt-Ludwigia, Bacopa, Cabomba australis, Hygrophila lacustris, Cryptocoryne wendtii, C. lucens, Bolbitis, Microsorium pteropus, Echinodorus tenellus*	*Iriatherina werneri, Aplocheilichthys normani, Megalamphodus megalopterus, Otocinclus, Caridina japonica*
28	*Cryptocoryne retrospiralis, Anubias lanceolata, A. barteri, Lagenandra ovata, Hygrophila stricta, Rotala macrandra, Eichhornia diversifolia, Hemianthus micranthemoides, Mayaca, Hygropila polysperma, Najas flexilis, Fontinalis antipyretica, Bolbitis, Microsorium pteropus, Echinodorus tenellus*	*Paracheirodon axelrodi, Otocinclus, Caridina japonica*
29	*Cryptocoryne retrospiralis, C. costata, C. parva, Fontinalis antipyretica*	*Rasbora heteromorpha, R. hengeli, Caridina japonica*
30	*Echinodorus tenellus*	*Paracheirodon axelrodi*
31	*Anubias barteri* var. *barteri, A. nana, Crinum aquatica* (breites Blatt), *Najas flexilis, Cryptocoryne costata, Echinodorus tenellus*	*Pelvicachromis humilis, P. taeniatus, Otocinclus, Caridina japonica*
32	*Hygrophila stricta, Hygrophila polysperma, Myriophyllum scabratum, Rotala macrandra, R. wallichii, Najas flexilis, Heteranthera, Cabomba australis, Alternanthera reineckiii, Ludwigia, Hemianthus micranthemoides, Rotala rotundifolia, Hygrophila polysperma, Barclaya* (grün), *Didiplis, Hygrophila polysperma, Hygrophila difformis, Yellow Ammannia, Crinum aquatica* (breites Blatt, schmales Blatt), *Anubias gracilis, A. barteri, A. lanceolata, A. nana, Echinodorus tenellus*	*Megalamphodus megalopterus, Moenkhausia pittieri, Hyphessobrycon erythrostigma, Otocinclus, Caridina japonica*
33	*Sagittaria natans*	*Corydoras sterbai, C. melini, Hyphessobrycon erythrostigma, Hemmigrammus erythrozonus, Otocinclus, Caridina japonica*
34	*Sagittaria natans, Hemianthus micranthemoides, Riccia fluitans*	*Moenkhausia pittieri, Hyphessobrycon erythrostigma, Otocinclus, Caridina japonica*
35	*Eusteralias yatabeana, Cabomba australis, Sagittaria* spec., *Eleocharis acicularis, Riccia fluitans*	*Oryzias latipes, Caridina japonica*
36	*Microsorium, Fontinalis antipyretica*	*Hemmigrammus bleheri, Otocinclus, Caridina japonica*
37	*Hemianthus micranthemoides, Anubias caudifolia, Microsorium pteropus, Rotala rotundifolia, Alternathera reineckiii, Fontinalis antipyretica, Bolbitis, Hygrophila polysperma, Cryptocoryne wendtii, Echinodorus tenellus*	*Paracheirodon axelrodi, Otocinclus, Caridina japonica*
38	*Hygrophila stricta, Rotala rotundifolia, Hygrophila polysperma, Hygrophila polysperma* var. *Anubias barteri* var. *barteri, Microsorium pteropus, Bolbitis, Cryptocoryne wendtii*	*Trichogaster leeri, Otocinclus, Caridina japonica*
39	*Microsorium pteropus, Echinodorus tenellus, Cryptocoryne wendtii* (rot)	*Myxocyprinus asiaticus, Otocinclus, Caridina japonica*
40	*Bolbitis, Microsorium pteropus Cryptocoryne lucens, C. wendtii, Echinorus amazonicus, E. rubra* "Osiris", *E. macrophyllus, E. tenellus*	*Melanotaenia nigrans, Otocinclus, Caridina japonica*
41	*Hygrophila polysperma, Rotala indica, Eusteralis yatabeana, Mayaca, Aponogeton longifolius, Lymnophila aquatica, Bacopa monnieri, Lysimachia nummularia, Hygrophila polysperma, Eichhornia diversifolia, Potamogeton madagascariensis, Hemianthus micranthemoides, Barclaya* (rot), *Cryptocoryne wendtii, Bolbitis, Microsorium pteropus, Echinodorus tenellus, Rotala macrandra*	*Hyphessobrycon erythrostigma, Hemmigrammus rodwayi, Moenkhausia pittieri, Megalamphodus megalopterus, Hyphessobrycon bentosi rosaceus, Otocinclus*
42	*Glossostigma elatinoides*	*Hemmigrammus hyanuary, Otocinclus, Caridina japnoca, B-Shrimp*

Aquarium Nr.	Pflanzen	Fische
43	*Eustralis verticillata, Hemianthus micranthemoides, Ludwigia arcuata, Mayaca, Bacopa, Ludwigia glandulosa* (rot), *Rotala indica, Hygrophila polysperma, Eichhornia diversifolia, Lysimachia nummularia, Rotala macrandra, Anubias lanceolata, Cryptocoryne costata, Saururus, Echinodorus tenellus, Eleocharis acicularis, Glossostigma elatinoides*	*Thoracocharax stellatus, Impaichthys kerri, Moenkhausia pittieri, Otocinclus, Caridina japonica*
44	*Riccia fluitans, Eleocharis acicularis*	*Pungtunia herzi*
45	*Hygrophila polysperma, Alternanthera reineckiii, Hygrophila angustifolia, Mayaca, Hemianthus micranthemoides, Rotala indica, Bacopa caroliniana, Ceratopteris cornata, Hygrophila stricta, Ambulia, Microsorium pteropus, Bolbitis, Anubias nana, Echinodorus macrophyllus, E. grandiflorus, E. bleheri, E. latifolius, E. tenellus*	*Paracheirodon innesi, Xiphophorus maculatus, Thayeria boehlkei, Gymnocorymbus ternetzi, Hemmingrammus rodwayi, Paracheirodon axelrodi, Otocinclus, Caridina japonica*
46	*Echinodorus tenellus, Cryptocoryne wendtii* (rot), *Fontinalis antipyretica*	*Paracheirodon axelrodi, Otocinclus, Caridina japonica*
47	*Hygrophila angustifolia, Rotala rotundifolia, Alternanthera reineckiii, Ananaspflanze, Rotala macrandra, Bacopa monnieri, Najas flexilis, Cryptcoryne balansae, C. wendtii, Sagittaria natans, Anubias nana, Echinodorus bleheri, E. tenellus, Hemianthus micranthemoides, Microsorium pteropus, Bolbitis*	*Hemmingrammus bleheri, Papiliochromis altispinosa, Aequidens dorsiger, Dicrossus filamentosus, Taeniacara candidi, Apistogramma bitaeniata, Otocinclus, Caridina japonica*
48	*Hygrophila angustifolia, Echinodorus horemani* (grün), *E. horemani* (rot), *Sagittaria natans, Microsorium pteropus, Fontinalis antipyretica, Bolbitis, Cryptocoryne pontederiifolia, C. wendtii, C. wendtii* (rot), *Echinodorus tenellus, Crinum aquatica* (schmales Blatt), *Echinodorus cordifolius*	*Paracheirodon axelrodi, Otocinclus, Caridina japonica*
49	*Cryptocoryne balansae, Crinum aquatica* (schmales Blatt), *Najas, Sagittaria lancifolia, S. subulata, Nymphaea stellata, Nymphaea lotus var. rubra, Lilaeopsis nummularia* var. *Microsorium pteropus, Bolbitis, Fontinalis antipyretica*	*Nematobrycon palmeri, Nematobrycon lacortei, Nanostomus espei, Paracheirodon axelrodi Otocinclus, Caridina japonica*
50	*Hygrophila polysperma, H. angustifolia, Alternanthera reineckii, Mayaca, Rotala indica, R. macrandra, Cryptoryne balansae, Hygrophila difformis, Hemianthus micranthemoides, Anubias nana, Echinodorus aschersonianus, E. macrophyllus, E. tenellus*	*Gasteroprircus sternicla, Paracheirodon innesi, Paracheirodon axelrodi, Hypessobrycon herbertaxelrodi, Hemmigrammus rodwayi, Colisa lalia, Xiphophorus maculatus, Otocinclus, Caridina japonica*
51	*Rotala macrandra, R. rotundifolia, Nymphaea lotus var. rubra, Echinodorus latifolius, Anubias nana, Bolbitis, Microsorium pteropus, E. tenellus*	*Xiphophorus helleri, Xiphophorus maculatus, Paracheirodon axelrodi, Hypessobrycon erythrostigma, Pterophyllum scalare, Otocinclus, Caridina japonica*
52	*Anubias congensis, A. lanceolata, Cryptocoryne retrospiralis, C. balansae, C. wendtii, Crinum aquatica, Sagittaria subulata, Bolbitis*	*Papiliochromis altispinosa, Hemmigrammus bleheri, Otocinclus, Caridina japonica*
53	*Anubias barteri var. barteri, A. heterophila, A. congensis, A. nana, A. auriculata, Bolbitis, Vesicularia dubyana, Cryptocoryne costata, C. wendtii* (rot), *Echinodorus tenellus, Crinum aquatica*	*Pelvicachromis taeniatus, P. subocellatus, P. humilis, P. roloffi, Nanochromis dimidiatus, N. nudiceps, N. parilus, N. transvestidus, Otocinclus, Caridina japonica*
54	*Hygrophila angustifolia,* (Brasilianisches Pfennigkraut), *Mayaca, Rotala wallichii, Hemianthus micranthemoides, Hygrophila polysperma, Rotala indica, R. macrandra, Hygrophila difformis, Bacopa, Alternanthera reineckii, Anubias nana, Barclaya, Ottelia japonica, Nymphaea lotus var. rubra, Sagittaria subulata*	*Hemmirammus bleheri, Hemmigrammus rodwayi, Hemmigrammus erythrozonus, Thayeria boehlkei, Otocinclus, Caridina japonica*
55	*Microsorium pteropus, Fontinalis antipyretica, Echinodorus tenellus, Crinum aquatica*	*Symphysodon discus* Heckel, *Otocinclus, Caridina japonica*
56	*Rotala macrandra, R. rotundifolia, Ceratopteris cornuta, Hygrophila angustifolia, Fontinalis antipyretica, Eichhornia azurea, Microsorium pteropus, Alternanthera reineckii, Vallisneria spiralis, Echinodorus latifolius, E. bleheri, Cryptocoryne balansae, Nymphaea lotus var. rubra, Crinum aquatica*	*Pterophyllum altum, Megalamphodus megalopterus, Nannostomus trifasciatus, Hemmigrammus bleheri, Paracheirodon axelrodi, Otocinclus, Caridina japonica*
57	*Microsorium pteropus, Cryptocoryne tonkinensis, C. balansae, C. affinis, C. wendtii*	*Symphysodon discus* Heckel, *Symphysodon aequifasciatus aequifasciatus* (Grüner Diskus), *Rasboroides vaterifloris, Trichopsis vittatus, Corydoras julii, C. melini, C. acutus, Otocinclus, Caridina japonica*
58	*Anubias congensis, Cryptocoryne balansae, C. costata, C. petchii, C. wendtii, C. becketti, Crinum aquatica, Echinodorus tenellus*	*Symphysodon discus* (Türkisdiskus), *Hemmigrammus bleheri, Otocinclus, Caridina japonica*
59	*Echinodorus tenellus, Cryptocoryne ciliata, C. pontederiifolia, C. wendtii, C. costata, C. retrospiralis, C. blassii, C. becketti, Saururus, Hygrophila polysperma, H. difformis, H. angustifolia, Mayaca, Hemianthus micranthemoides, Rotala macrandra, Eichhornia natans, Alternanthera reineckii, Heteranthera, Ammannia senegalensis, Ludwigia glandulosa, Eusteralis verticillatao*	*Hemigrammopetersius caudalis, Hemmigrammus bleheri, Pseudomugil signifer, Megalamphodus megalopterus, Impaichtis kerri, Thoarcocharax stellatus, Anomalochromis thomasi, Megalamphodus sweglesi, Otocinclus, Caridina japonica*
60	*Cryptocoryne retrospiralis, C. wendtii* (rot und grün), *C. costata, C. pontederiifolia, Echinodorus horemani, E. tenellus, Crinum aquatica, Fontinalis antipyretica*	*Phenacogrammus caudomaculatus, Hemmigrammus hyanuary, Otocinclus, Caridina japonica, Iguanodectes tenuis*
61	*Alternanthera reineckii, Rotala macrandra, R. indica, Echinodorus horemani* (rot, grün), *E. latifolius, E. tenellus, E. aschersonianus, Lagenandra ovata, E. horizontalis, Cryptocoryne wendtii* (rot), *Anubias barteri var. barteri, A. nana, A. gracilis, A. barteri, A. lanceolata, Crinum aquatica, Microsorium pteropus, Bolbitis*	*Pterophyllum altum, Hemmigrammus bleheri, Otocinclus, Caridina japonica*

EPILOG

Die Erde existiert seit mehr als 4 Milliarden Jahren. Der Mensch betrat erst relativ spät die Bühne der Weltgeschichte. Und doch schaffte er es in kürzester Zeit, der Erde seinen Stempel aufzudrücken. Die Spuren menschlicher Aktivität finden sich inzwischen überall, und nicht nur im Positiven. Ehemals intakte Gewässer sind verschmutzt, die einst unvorstellbar großen Wälder werden immer weniger. Technische Errungenschaften, auf die der Mensch anfangs stolz war, verkehrten sich oft ins Gegenteil und trugen dazu bei, das Antlitz der Erde gründlich zu verändern.
Aber wo bleibt die Menschlichkeit in einer derart technisierten, umweltfeindlichen Welt? Die Menschen streben nach oberflächlichem Reichtum und haben dabei vergessen, daß sie nur mit der Natur existieren können und selbst ein Teil

Das Aquarium, in dem Pflanzen, Fische und Mikroorganismen neben- und miteinander existieren, ist ein Modell für die Welt, in der die Menschen neben und mit den anderen Lebewesen existieren sollen. Diese wunderschöne und reiche Welt kann nur bestehen, wenn sich alles im Gleichgewicht und in Harmonie befindet. Wenn der im Aquarium nachgebildete kleine Ausschnitt der Natur die Herzen der Menschen berührt, dann, weil hier alles harmonisch zusammenwirkt. Es wäre wunderbar, wenn diese Botschaft, die von dieser kleinen Welt hinter Glas vermittelt wird, dazu beitragen könnte, die Menschen zur Natur zurückfinden zu lassen.

Takashi Amano

Würdigung der Leistungen Amanos

Ich traf Herrn Takashi Amano zum ersten Mal, als ich an der Urushiyamaschule unterrichtete. Zu dieser Zeit existierte eine große Lagune in der Niigata Präfektur mit dem Namen Yoroi-gata. Dort gab es viele verschiedene Wasserpflanzen, Fische und wilde Vögel. Die Gegend war zudem berühmt für ihre große Anzahl von Libellenarten, die nur dort vorkamen. Als die Lagune trockengelegt wurde, gründete ich einen Verein zur Erforschung der Wasserpflanzen und Fische. Herr Amano wurde Mitglied unseres Vereins und widmete sich intensiv der Erforschung des Koreanischen Kreuzkarpfens. Herr Amano war einer der besten und kreativsten Schüler, Aquarellmaler und Mitbegründer der ersten Vereinigung zum Schutz der heimatlichen Naturlandschaft. In späteren Jahren machte er sein Hobby zum Beruf, und eröffnete ein Fachgeschäft für tropische Fische. Eines Tages erzählte er mir, daß er verstärkt mit Wasserpflanzen arbeiten wolle. Zu der Zeit wußte ich noch nichts über Zierfische und verstand nicht, was er damit meinte. Er erzählte mir begeistert davon, daß es jetzt große Mode sei, Aquarien mit Wasserpflanzen einzurichten, die den natürlichen ökologischen Systemen sehr nahekommen. Obwohl ich Zweifel hatte, daß er mit seinem Geschäft Erfolg haben könne, erklärte ich ihm, daß es äußerst schwierig sei, die für Wasserpflanzen geeigneten Bedingungen im Aquarium langfristig zu erhalten. Ich lehrte ihn die Grundlagen der Photosynthese und das Liebig'sche Gesetz und war dann doch erstaunt, wie schnell es ihm gelang, das Gelernte im Aquarium umzusetzen.

Heute glaube ich, daß es Herrn Amano gelungen ist, das Aquarium vom bloßen Objekt eines Hobbys und zur Pflege von Fischen zu einem Kunstwerk zu entwickeln.
Ich fühle mehr wie ein Bruder mit ihm als ein Lehrer und freue mich daher sehr, daß dieses Buch mit seinen von ihm selbst fotografierten Aquarien veröffentlicht wird. Für die Zukunft würde ich mir wünschen, daß es Herrn Amano gelänge, eine ganz neue wissenschaftliche Richtung zu begründen.

Prof. Dr. Yoshisuke Nagashima
Universität Niigata

Biographie

Takashi Amano
geboren am 18. Juli 1954

Schon als Kind zeigte Takashi Amano großes Interesse an den Tieren und Pflanzen der Gewässer seiner Heimat Japan. Für Forschungen über den koreanischen Kreuzkarpfen erhielt er einen Wissenschaftspreis. Zu dieser Zeit entdeckte er auch sein Interesse an tropischen Zierfischen. Seit 1976 bereiste Amano mehrmals Kenia, Tanzania, Süd-Yemen, Äthiopien, Ägypten, Uganda, Indien sowie verschiedene Südseeinseln und veröffentlichte zahlreiche Fotos und Artikel über tropische Zierfische und Wasserpflanzen in wissenschaftlichen Fachzeitschriften.

Im Jahre 1972 begann er, sich professionell mit der Einrichtung und der Pflege reich bepflanzter Aquarien zu beschäftigen. Aus dem gleichen Jahr stammen auch seine ersten Aquarienfotos. 1991 nahm Amano zum ersten Mal an einem Fotowettbewerb teil und erhielt für sein „Tagebuch eines Chamäleons" einen Ehrenpreis; auch „Die Hauptrolle im Schatten des Baumes" wurde ausgezeichnet. Außerdem gewann sein Foto „Der Mauergecko" den Silbernen Fuji Filmpreis des Jahres 1991. Inzwischen sind noch viele andere Auszeichnungen hinzugekommen.

Register

Algenfresser	111
Algenwuchs	182
Amazonasschwertpflanzen	135
Ammoniak	176
Ammonium	176
Anabantiden	182
Anabas	149
Ancistrus	182
Anubias	120, 123, 164, 166, 179, 183, 62
Anubias barteri	136
Anubias nana	100, 127
Anubias, breibblättrige 1	78
Aponogeton	166, 179
Aponogeton madagascariensis	137
Arapaimas	129
Arowanas	129
Außenfilter	176
Beleuchtung	176, 178
Biologische Filterung	176, 177
Blackmollys	111
Blutegel	182
Bodenfilter	176
Bodengrund	179
Bodenheizung	181
Bolbitis	47, 53, 164, 179, 183
Büschelalgen	111
C. nevillii	166
C. parva	166
Cambomba	178
Chlor	181
Cichliden, westafrikanische	123
Corydoras	68
Crinum,	62, 145, 179
Crinum aquatica	129
Cryptocoryne	30, 138, 145, 178, 179
Cryptocoryne costata	62
Cryptocoryne minima	166
Cryptocoryne retrospiralis	145
Cryptocoryne wendtii	104, 166
Cryptocorynenkrankheit	183
Didiplis	166
Diskus, blau	137
Diskusbecken	128
Diskusfisch	128, 129, 135
Düngung	180
Echinodorus grisebachi	166
Echinodorus horemanii	108, 145
Echinodorus latifolius	166
Echinodorus tenellus	62, 104, 129, 145, 166, 179, 183
Einrichtung, Aquarium	31, 47, 127, 145
Eleochalis acicularis	31
Entsuiyui	82
Epiphyten	164
Fadenalgen	182
Fadenfische	80
Farne	80, 110
Filter	176, 182
Fliegende Fische	115
Flüssigdünger	180, 182
Flußgarnele, japanische	111
Flußsand	179
Fontinalis	104
Fontinalis antipyretica	129
Fotografieren	130
Garnelen	111, 182
Gartenkunst, europäischer Stil	72
Gartenkunst, japanischer Stil	72
Gestaltung	156
Gitterpflanzen = Aponogeton madagascariensis	137
Glossostigma	90, 166, 183
Goldener Schnitt	156
Grundel	38
Guppy	13
Haargras	72, 95, 166
Hayade	85
Hochwasser	37, 42
Holländisches Aquarium	36, 149
Holu spec.	127
Holz	160, 164
Hygrophila	38, 179
Hygrophila angustifolia	47, 127
Ichtyophtirius = Weißpünktchenkrankheit	112
Innenfilter	176
Ishigaki-Insel	102
Japanischer Bitterling	38
Javamoos	164, 183
Karauschen	37
Karpfen	37
Kaulquappen	111
Kenia	16
Keramiksand	179
Knollenpflanzen	179
Kohlendioxid	112, 174
Kohlendioxiddüngung	112
Kohlendioxidmangel	112
Kohlendioxidvergiftung	112
Korea-Kärpfling = Macropodus chinensis	27
Kugelfische, südamerikanische	182
Künstliches Licht	178
Labroides dimidiatus	146
Langarmgarnele, japanische	111
Latimeria charumnae	146
Lava	162
Lavasand	179
Lotus	18
Ludwigien	178
Macropodus chinensis = Korea-Kärpfling	27
Malachitgrünlösung	182
Masaaki Tachihara	98
Matsukawaya	137
Maulpilz	18
Mechanische Filterung	176
Meeressand	179
Microsorium	102, 108, 164, 179, 183
Microsorium pteropus	129
Mikroorganismen	177, 180
Mizorenuma-Ebi	111
Moose	110
Muramatsu-Park	85
Muromachi-Zeit	98
Nairobi-Nationalpark	16
Nakanokami-Insel	115
Neonlicht	176, 178
Niigata	2, 36, 37, 85, 27
Nikatsutsumi-Teich	18
Nil	63
Nishiomote-Insel	102
Ökologie	107
Otocinclus	182
Otelia japonica	50
Perlgras	166
pH-Wert	174
Photosynthese	112, 174, 176
Pinselalgen	182
Platy, gelb	100
Putzerfisch	146
Quarz	162
Quellmoos	164, 166
Rasbora	30
Regelstabheizer	181
Regenbogenfische	86
Riccia	72, 94, 95, 164
Rotala	179
Rotala macranda, rote	47
Rotala wallichii	11
Roter Neonfisch	104
Rotkopfsalmler	76
Rüsselbarbe, siamesische	94, 182
Ryokan	36
Sagitarien	183
Sagittaria pygmaea	31, 50
Sagittaria subulata	166
Salmler	138
Sanzoniwagumi	10
Salmler	182
Schädlinge	182
Schmetterlingsbuntbarsch, afrikanischer	182
Schmieralgen	182
Schnecken	182
Schwertträger	111
Seevögel	115
Silberarowanas	135
Silikatgestein	162
Skalare	148
Steine	162, 164, 170
Steine, begrünte	59
Steingarten	71
Stengelpflanzen	166, 179, 183
Stickstoff	176
Suji-Ebi	111
Sumie-gusa	36
Symmetrie	106
Tanganjikasee	1
Thailändischer Kampffisch	
Tigerlotus, roter	52, 1
Topffilter	1
Trimmen von Wasserpflanzen	18
U-förmige Komposition	15
Umweltzerstörung	10
Unterwasserlandschaft	
Urwald	
UV-Licht	1
Valisnerien	166, 18
Versteinertes Holz	1
Walhai	14
Wasserfarne	10
Wasserlandschaft mit Felsen	
Wasserlilien	18, 12
Wasserpflanzen	20, 5
Wasserpflanzen, trimmen von	18
Wasserpflanzen-Pflege	1
Wasserpflanzenkrankheiten	18
Wasserwechsel	18
Weißpünktchenkrankheit = Ichtyophtirius	1
Welse	
Werkzeug	1
Wistarien	1
Yamaimo-Kartoffel	1
Yamatonuma-Ebi	1
Yanatonuma-Garnele	111, 18
Zen-Gärten	17, 9
Zivilisation	
Zwergcichliden	122, 1
Zwergkrallenfrosch	18

Titel der japanischen Originalausgabe: Nature Aquarium World
© 1992 Marine Planning C., Tokyo

Es ist nicht gestattet, Abbildungen dieses Buches zu scannen in PCs oder auf CDs zu speichern oder in PCs/Computern zu verändern oder einzeln oder zusammen mit anderen Bildvorlagen zu manipulieren, es sei denn mit schriftlicher Genehmigung des Verlages.

Die Deutsche Bibliothek - CIP-Einheitsaufnahme

Amano, Takashi:
Pflanzenparadiese unter Wasser : japanische Gärten im Aquarium / Takashi Amano. [Übers.: Yoshie Nagei ...]. -
ISBN 3-89440-116-8
NE: HST

Naturbuch Verlag

© Deutsche Ausgabe 1994 Weltbild Verlag GmbH, Augsburg
Alle Rechte vorbehalten.
Übersetzung: Yoshie Nagai, Ann N. Gohara Wallner, Bernhard Wallner; Landshut
Fotos: Takashi Amano
Satz und Layout: Marion Kraus und Armin Tichacek, Naturbuch Verlag, Augsburg
Reproduktion: Litho-Art, München
Druck und Bindung: Appl, Wemding
Printed in Germany
ISBN 3-89440-116-8

Gedruckt auf chlorfrei gebleichtem Papier.